U0942176

LAODONG HETONGFA DE
LILUN YANJIU YU SHIJI YUNYONG

劳动合同法的
理论研究与实际运用

王彩云 著

内 容 提 要

本书以劳动合同法的内容主线，全面阐述了劳动合同法对劳动合同从订立、履行、变更到终止，以及劳动双方争议处理、特殊规定、法律责任等方面的规定。每一个章节后面本书都附有案例，包含了对本章之中具有争议性或者难理解部分内容的解释，对读者理解本章内容具有一定的意义。本书撰写的最大特点就是实用，包含了劳动者在与用人单位签订劳动合同时所要经过的全部内容，对劳动者处理与用人单位的劳动纠纷具有一定的帮助作用。

图书在版编目(CIP)数据

劳动合同法的理论研究与实际运用/王彩云著. --
北京：中国水利水电出版社，2014.10（2022.9重印）
ISBN 978-7-5170-2511-5

Ⅰ.①劳… Ⅱ.①王… Ⅲ.①劳动合同法－研究－中国 Ⅳ.①D922.524

中国版本图书馆 CIP 数据核字(2014)第 215006 号

策划编辑：杨庆川　责任编辑：杨元泓　封面设计：崔　蕾

书　名	劳动合同法的理论研究与实际运用
作　者	王彩云　著
出版发行	中国水利水电出版社 （北京市海淀区玉渊潭南路 1 号 D 座 100038） 网址：www.waterpub.com.cn E-mail：mchannel@263.net(万水) sales@mwr.gov.cn 电话：(010)68545888(营销中心)、82562819（万水）
经　售	北京科水图书销售有限公司 电话：(010)63202643、68545874 全国各地新华书店和相关出版物销售网点
排　版	北京鑫海胜蓝数码科技有限公司
印　刷	天津光之彩印刷有限公司
规　格	170mm×240mm　16 开本　11.25 印张　202 千字
版　次	2015年6月第1版　2022年9月第2次印刷
印　数	3001-4001册
定　价	36.00 元

凡购买我社图书，如有缺页、倒页、脱页的，本社发行部负责调换

版权所有・侵权必究

前　　言

劳动不仅仅是劳动力与生产资料的结合过程，而且还是人类社会发展和进步的重要推动力，正是劳动使人类从物种进化的激烈竞争中脱颖而出，因此我们必须重视劳动，重视劳动者，建立起规范化的劳动合同签订和劳动纠纷解决机制，为劳动者的合法权益提供有力的保护。由于市场信息不对称、劳动力市场供需不平衡，用人单位在劳动合同签订中的优势十分明显，在这种前提下，劳动者一旦与用人单位发生劳动纠纷，自己的合法权益很难得到保证。虽然我国法律对劳动权益提供了相关保护，但是由于劳动者对劳动合同的订立、变更以及解除等合同操作知识的缺乏，导致用人单位的不规范劳动合同屡屡得逞，劳动者的合法权益保护经常因取证难而陷入尴尬的境地。

为了避免非法劳动合同对劳动者的侵害，全面保护劳动者的合法权益，2008年我国开始实施《劳动合同法》，并于同年颁布了《劳动合同法实施条例》以及《劳动争议调解仲裁法》辅助《劳动合同法》的实施。《劳动合同法》开始实施后，我国劳动者权益保护工作取得了一定的进展，很多劳动者从新的劳动纠纷解决机制中获益，但是仅靠一部《劳动合同法》难以使我国的劳动合同的订立、变更、解除以及终止等程序走上规范化、法制化的道路。2010年，《社会保险法》、《工伤保险条例》(修订)、《最高人民法院关于审理劳动争议案件适用法律若干问题的解释(三)》等一系列法律以及管理条例的实施，使我国的劳动权益保护工作取得了新的进展和突破，我国的劳动合同管理工作开始走向制度化。笔者为了配合我国劳动权益保护工作的开展，提高劳动者的劳动合同法律意识撰写了本书。

本书分八章对劳动合同法的理论与实际应用进行了系统的介绍和分析。第一章是对劳动合同以及劳动合同法基本理论的介绍，主要包括劳动合同的法律效力以及劳动合同法的基础理论知识。第二、三、四章对劳动合同的订立、履行、变更、解除以及终止等具体的劳动合同操作环节进行了详细的分析和介绍，包括劳动合同订立的原则、条件、形式、程序，劳动合同履行、变更、解除、终止的法定生效条件及相关的法律后果。第五章对劳动合同争议处理的问题进行了分析与介绍，第六章对集体劳动合同的相关内容进行了研究，第七章主要为大家介绍非全日制劳动用工的法律规范，第八章对劳动者和用人单位应当承担的法律责任进行了说明。

本书在行文思路与创作构思方面的主要特点如下：

第一，理论与实践相结合，强调所述内容的应用性。笔者在每章的结尾都精心挑选了相关案例，对该部分理论知识进行实际应用的延伸与拓展，从而起到开阔读者思路的作用。

第二，整体性强。本书结构清晰，内容全面紧凑，每章都统一按照“理论知识→实际应用”这一基本模式进行内容编排，有利于读者迅速建立起全书的整体框架。

第三，语言通俗简洁，阅读流畅。法律语言生僻而晦涩，常让人产生望而生畏之感，本书为了避免这一点，对一些晦涩的术语进行了简化，并大幅减少了生僻词语的使用，希望借此保证读者的阅读体验。

本书在撰写过程中，参考了大量的劳动合同法文献以及学术专著和译著作品，限于篇幅的原因笔者未能一一列明，在此笔者向这些文献的整理者以及学术专著的作者和译者表示衷心的感谢！尽管在创作过程中力求完美，但由于时间和精力的限制，书中难免存在些许疏漏和不足，在此真诚的希望大家给予批评指正。

作者

2014 年 7 月

目　　录

第一章 劳动合同法概述

《劳动合同法》是我国劳动法律体系的核心法律规范之一，它不仅是合同订立的基本法律依据，同时也是解决和处理劳动纠纷的重要法律依据。《劳动合同法》的颁布和实行标志着我国市场经济的不断完善和成熟，对于规范我国劳动力市场以及企业用工形式具有重要的意义。

第一节 劳动合同概述

一、劳动合同的概念

劳动合同也称为劳动契约、劳动协议，是劳动者和用人单位之间明确劳动权利义务，规范劳动合同订立、履行、变更、解除和终止行为的协议。想要科学全面的理解劳动合同的概念，我们应该对劳动合同的以下几个要点有一个明确清晰的认识。

（一）劳动合同的主体是劳动者与用人单位

劳动合同的当事人主体一方是劳动者，另一方是用人单位。劳动者是指具有劳动能力并能在用人单位管理与指挥下完成企业工作任务，以自己的劳动收入为主要生活来源的自然人；用人单位是具有独立的法人资格，具有依法招聘员工为其劳动的企业或者组织。按照我国《劳动合同法》的相关规定，用人单位主要包括企业、个体经济组织、民办非企业单位、国家机关、事业单位、社会团体以及依法与劳动者签订了劳动合同，建立劳动关系的组织和个人。

（二）劳动合同是明确双方权利义务的协议

劳动合同的内容主要是对双方彼此间的权利与义务关系的约定。劳动合同对员工义务的约定主要包括，按照合同约定的岗位、工种以及职务为企业提供劳动，完成用人单位安排的工作任务，提高自己的职业劳动技能，遵守用人单位的管理规章制度，谨守职业道德。劳动合同对用人单位义务的约定主要包括，依法与劳动者缔结劳动合同，及时足额向劳动者发放劳动报酬，为劳动者创造舒适安全的劳动环境，为劳动者提供法律规定的福利待遇等。

（三）劳动合同的内容是主体双方真实意愿的表达

劳动合同的内容是合同签订的当事人双方在自由平等协商的基础上，彼此真实意愿的表达。如果企业试图利用自己在合同签订中的有利地位来获取不正当的合同权益，比如利用威胁、逼迫等手段强制劳动者与其签订不平等的劳动合同，那么企业的行为将会受到法律的制裁，并且双方签订的合同也将无效。

二、劳动合同的性质

关于劳动合同的性质，尽管古今中外的许多学者对其进行了研究，但是由于所处历史环境、阶级立场的不同，关于劳动合同性质的界定仍然没有一个统一的、确切的论断。笔者在总结其他学者研究观点的基础上，结合我国的具体国情对劳动合同的性质进行了研究，笔者认为在现代市场经济条件下，劳动合同应是一种以私法为主导兼具公法性质的复合性合同。关于这一认识的依据我们可以从以下三个方面来理解。

（一）合同具有私法主导性

在社会主义市场经济条件下，所有的经济活动都受到市场经济基本规律的影响，直接或间接地处在某一种市场关系当中，市场劳动力资源以及消费和生产资源的配置和优化也是借此发挥作用的。市场经济在价值规律的主导下，从法律上来说必然具备“意思自治”以及“合同自由”两个方面的含义，因此从这一点上来说，劳动合同是一种私有关系（在这里就是私有劳动关系）的体现。在缔结的劳动合同中，劳动者和用人单位都是独立的主体，他们消灭、变更、终止双方劳动关系的手段与方法都是通过自主性努力完成的，从法律意义上来说这属于劳动者和用人单位的自由领域，也就是说这些行为是在双方的自由意愿下完成的，他们的这种行为并不受法律的约束。当然，如果合同自由被用人单位或者劳动者滥用并且侵犯了对方合法权益的时候，就会被法律所禁止。

(二)公权力的介入,使劳动合同呈现出公法性质

在社会主义市场经济条件下,公有权力具有十分重要的作用与意义,这些权力的介入使得劳动合同具有了一定的公法性质,其原因主要有以下两个方面。

1. 市场经济条件下劳动力受雇于资本,并要服从于资本管理

无论在哪种形态的市场经济中,在签订劳动合同的过程中劳动者都不可避免的处于弱势地位,这种源自于悬殊经济实力的不平衡导致侵犯劳动者合法权益的行为屡禁不止,在我国劳动力市场“供大于求”的基本态势下,这种现象更为明显。如果在这种情况下,仍然继续以市场经济的基本规律为主导让劳动者与用人单位自由缔结劳动合同,那么这种看似平等、自由的劳动合同其实是对劳动者权利的漠视和侵害,其结果将演变为无限制的自由,这对社会和经济的发展没有益处。因此在这种情况下,我们引入了公有权力的监督和调节,提高劳动者在签订劳动合同时的底气,为劳动者合法权益的保护提供坚实的后盾。我国是社会主义国家,对劳动者权益的保护是国家引入公有权力监督与协调机制的根本目的,也是社会主义优越性的体现。

2. 劳动关系不是简单的债务、债权关系

劳动关系的内容比较复杂,它不仅仅是劳动者为用人单位提供劳动,用人单位支付报酬的简单债权债务关系。之所以这么说,是因为在一般的债务或者债权关系中身份因素是不存在,而且劳动者也不仅仅是为了出卖自己的劳动力才与用人单位签订合同的,虽然双方之间具有一定的债权、债务关系,但这不是双方签订合同的主要着眼点。劳动者在向用人单位提供劳动的过程中,双方不仅存在经济上的纠葛,同时劳动者身份、地位以及人格上的从属地位,使得双方之间的关系更加复杂。经济上处于弱势地位,甚至经济收入不能维持正常生活的劳动者来说,在签订劳动合同时的“平等”与“自由”都是可能实现的。

正是因为上述原因,使得劳动合同虽然具有私法性质,但是其目的与实际效果并与私法性质下签订的合同,比如雇佣合同,还是存在比较大的差异的。不同于私法对公有权力的排斥,劳动合同对公权力的介入总体上的态度是积极的,因为在公有权力的介入下,劳动者的权力会得到更有效的保护。

(三)劳动合同兼具私法主导与公法性质

以市场价值规律为主导的现代市场经济决定了劳动合同应该是私法与功法性质并存的一种特殊性质的存在,同时也决定了私法性质在劳动合同性质上的主导地位,公法性质只是对劳动合同的补充和完善,处于从属地位。劳动合同的这种性质决定了在劳动合同的签订中,应该给予合同当事人双方最大的自由,只要在法律规定和允许的范围,企业和劳动者都可以充分行使自己自主选择权,只有双方的行为导致不平等合同的出现时,公有权力才会介入。我们说劳动合同具有公法性,但这绝不意味着劳动合同私法性的削弱,因为从本质上来说私法性还是劳动合同的基本性质。

总结来说,劳动合同的公法性质是在承认其私法性质的基础上,对劳动合同以及双方权利与义务关系的更改与修正,公法性是劳动者权益保护的基础。

三、劳动合同的特征

(一)劳动合同的主体具有特定性

在劳动合同的签订过程中,虽然劳动者与用人单位的法律地位平等,但是双方在合同签订时的处境和特点则具有很大的差异,双方很难做到真正意义上的平等。

(1)用人单位在劳动合同的签订中具有广泛性,无论用人单位的具体形态(企业、个体经济组织、民办非企业单位等)是什么,它在劳动合同签订时选择要比劳动者广泛得多。

(2)劳动者在劳动合同的签订中具有单一性,这是因为用人单位和劳动者订立劳动合同的目的在于使用劳动力,劳动者只能是具有劳动能力的自然人,并且其选择范围较用人单位小得多。

(二)劳动合同的标的具有限定性

劳动合同的标的为劳动者向用人单位提供的劳动行为。企业想要获取利润、保证正常的日常运作必须依靠劳动者的劳动才能实现,从本质上来说用人单位招聘劳动者关心的从来不是劳动者本身,而是劳动者的劳动能力,用人单位的招聘也是其获取劳动能力的过程。从劳动者角度而言,其向企业提供的也只是自己的劳动行为,并通过这些劳动获得企业提供的报酬,保证自己的生存以及日常生活的消费,从这一点来看劳动者与用人单位签订劳动合同的目的是向用人单位提供劳动，并获取劳动报酬。

（三）劳动合同的内容具有法定性

劳动合同的内容必须是双方在平等自由、协商一致的基础上共同认定的，它是当事人双方真实意愿的体现，需要注意的是双方约定的内容必须在法律规定与允许的范围内才具有意义。如果双方协定的内容违反了我国相关法律的规定，那么合同将无效。

（四）劳动合同的形式具有要式性

我国《劳动合同法》第十条第一款的规定："建立劳动关系，应当订立书面劳动合同。"据此可知，劳动合同是一种要式合同，即用人单位和劳动者之间应当签订书面的劳动合同，用人单位与劳动者签订书面劳动合同是法律赋予其的义务，用人单位必须履行这一法定义务，违反该义务就应承担相应的法律责任。《劳动合同法》对用人单位与劳动者签订劳动合同的行为进行了明确的规定："如双方已建立劳动关系，未同时订立书面劳动合同的，应当自用工之日起一个月内订立书面劳动合同，否则要追究用人单位相应的法律责任。

除了这几个特点之外，劳动合同作为一种特殊的合同，它还具有附合性、持续性、从属性等特点。

(1)劳动合同的附合性体现在双方签订劳动合同时，劳动合同的起草往往都是用人单位单方面提供的，并且只有没有明显的违法以及权益侵害行为，劳动者都会表示同时，签字完成合同便开始生效。

(2)持续性是指劳动合同一旦签订生效，双方的权利与义务关系会在合同到期之前，稳定连续的存在，双方都必须根据合同的约定履行自己的义务。

(3)从属性体现在劳动合同签订后，劳动者成为用人单位的一名工作人员，二者之间的法律地位发生相应的变化，成为管理者与被管理者、指挥者与被指挥者的关系。

四、劳动合同的作用

（一）劳动合同是劳动者实现劳动权的重要保障

劳动权是人的基本权利，也是劳动者实现自身劳动力价值的法律保证。我国《宪法》第四十二条规定："中华人民共和国公民有劳动的权利和义务。

国家通过各种途径，创造劳动就业条件，加强劳动保护，改善劳动条件，并在发展生产的基础上，提高劳动报酬和福利待遇。”劳动权属于基本人身权的一部分，国家通过宪法对其进行保护。

《劳动合同法》是我国劳动合同领域最全面、最细致的法律，它明确规定了劳动合同签订、变更、解除以及终止的条件和情形。无效劳动合同的确认，劳动合同的履行、鉴证，劳动合同责任认定以及相应行为的法律后果，使劳动者的权力得到切实的保护。

(二)劳动合同是维护劳动者和用人单位合法权益的重要手段

《劳动合同法》以保护劳动者合法权益为基本准则，明确规定了劳动者和用人单位在签订劳动合同时的权利和义务，并要求双方必须履行劳动合同规定的义务。《劳动合同法》第三条第二款规定：“依法订立的劳动合同具有约束力，用人单位与劳动者应当履行劳动合同约定的义务。”劳动者与用人单位根据各自的需要和情况，可以签订不同类型、不同期限的劳动合同，用人单位能够招聘录用到适合本单位需要的劳动者，而劳动者也可以发挥自己的才能，做到人尽其才，找到适合自己工作和发展的用人单位。同时，双方当事人依法可以解除劳动合同。用人单位裁减人员时，应依法律规定给予经济补偿，以解决劳动者生活上的困难。劳动者违反劳动合同的约定，如在劳动合同的有效期内，擅自“跳槽”，泄露用人单位商业秘密等，给用人单位造成损失的，应当依法承担相应的赔偿责任，以保护用人单位的合法权益。

(三)劳动合同是劳动者和用人单位实现双向选择的重要途径

《劳动法》第三条规定：“劳动者享有平等就业和选择职业的权利。”第十二条规定：“劳动者就业，不因民族、种族、性别、宗教信仰不同而受歧视。”第十三条规定：“妇女享有与男子平等的就业权利。在录用职工时，除国家规定的不适合妇女的工种或者岗位外，不得以性别为由拒绝录用妇女或者提高对妇女的录用标准。”劳动者有选择职业和辞职的权利，用人单位有自主用人、自主分配和辞退职工的权利，这使双方当事人成为择业主体和用人主体。而劳动合同是劳动者在实现择业自主权、用人单位在实现用人自主权上最好的体现与重要的途径，即劳动合同实现了劳动者就业与用人单位招聘录用人才以谋求发展的结合。

(四)劳动合同是减少和防止发生劳动争议的重要书面依据

劳动者和用人单位签订劳动合同，将双方的劳动权利和劳动义务以书面形式明确规定下来，劳动合同主体双方对各自的权利行使和义务履行有了确切的依据，有利于提高双方履行劳动合同的自觉性，促使双方正确地行使劳动权利，严格履行劳动义务，以避免因违反劳动合同发生争议，从而有利于稳定劳动关系，促进和谐劳动关系的建立。只要认真地履行劳动合同，就能实现劳动合同的订立目的，从而减少和防止劳动争议的发生。即使发生了劳动争议，由于有了明确而具体的劳动合同条款的约定，依据这些条款进行处理，就方便、快捷、有效得多，有利于劳动争议的解决。

第二节　劳动合同的法律效力

一、劳动合同的效力

劳动合同必须依法签订，如果在签订劳动合同的过程中，当事人双方的相关行为或者合同的内容不符合我国《劳动合同法》相关规定，那么合同条款就会失效。只有严格遵守我国《劳动合同法》规定订立的劳动合同才具有法律效力，对双方的行为具有约束作用。

劳动合同所具有的法律效力主要体现在以下几个方面。

（一）当事人必须严格履行劳动合同中所规定的义务

在劳动合同的履行过程中，当事人双方必须严格按照合同约定的方式、途径以及实现手段履行自己的义务。任何一方如果不履行自己的义务，或者采取其他途径变相减少己方义务的，都属于违反《劳动合同法》的行为，另一方当事人有权力要求其停止违法行为，并索要经济赔偿。

（二）双方的权利与义务关系具有稳定性

合同所约定的权利与义务关系是双方在平等协商的基础上一致同意的，它代表着劳动合同双方共同的利益。在合同履行的过程中，任何一方当事人如果在没有与另外一方协商并达成变更合同条款的情况下擅自对合同内同进行更改，都属于违法行为，需要承当相应的法律责任。

（三）用人单位法人代表的更换，不影响劳动合同的法律约束力

用人单位是以法人代表的身份与劳动者签订劳动合同的，并不是以个人名义签订的，因此劳动合同的权利、义务由法人直接承担。据此可知，用人单位依法与劳动者签订劳动合同，只要企业法人资格不消灭，无论谁出任

法人代表，劳动者与用人单位签订的合同依然有效。

(四)劳动合同义务的履行受法律保护

用人单位或者劳动者在履行各自约定义务的过程中，任何企图阻止对方履行自己合同义务的组织和个人都会受到法律的制裁。如果干扰行为使得其中的一方未能履行自己的责任，那么因违反合同规定对另一方造成的损失由干扰合同执行的第三方承担。

二、无效劳动合同

无效劳动合同，是指用人单位与劳动者在签订劳动合同的过程中，因为违法行为或者违法内容的存在，而导致的条款无效的劳动合同。如果劳动合同在签订过程中存在违法因素，说明该合同与国家的意志和劳动者的意愿相违背，因而是无效的。劳动合同的无效是《劳动合同法》的重要组成部分，因为这关系到劳动者与用人单位之间的劳动关系是否成立，相应的法律条款是否适用的问题，它与劳动者的合法权利息息相关。

根据我国《劳动法》与《劳动合同法》的有关规定，劳动合同的无效主要包括下列几种情形。

(一)用人单位以非法手段强迫劳动者签订的劳动合同

在劳动合同签订的过程中，如果用人单位以欺诈、胁迫等手段或者乘人之危强制劳动者在违背其真实意愿的情况下签订劳动合同，则双方订立的合同无效。

1. 欺诈

欺诈是指在用人单位在与劳动者订立合同的过程中，利用自己在劳动合同签订中的主动地位以及劳动者急需找到工作的心理，告知劳动者虚假的企业信息，或者故意隐瞒企业经营运作的真实情况，使劳动者产生错误的认识，从而与其完成劳动合同的签订。

2. 胁迫

胁迫是指在劳动合同的签订中企业利用某些违法的手段使劳动者身处在某种现实或将来的危害中，使劳动者陷入恐惧而与其签订劳动合同的行为。比如，如以对劳动者或其亲人生命健康、名誉、财产等造成损害为要挟，强迫劳动者签订不平等劳动合同。山西“黑煤窑”事件中，“黑煤窑”窑主就是以殴打等损害劳动者生命健康的行为迫使其劳动。

3. 乘人之危

乘人之危是指某些不法的经营者利用劳动者的危难处境或者紧迫需要，强迫劳动者接受某种明显不公平的条件并做出违背其真实意思的表示。不同于之前两种情形，《劳动法》认为乘人之危签订的合同可以撤销，但是具有法律效力；《劳动合同法》则认为，乘人之危是对劳动者真实意愿的违背，在此情形之下签订的劳动合同没有法律效力。

（二）用人单位免除自己法定责任、排除劳动者权利的劳动合同

权利与义务向来都是对等的，这是法律适用的基本原则和法律关系成立的必要条件。如果在劳动合同签订的过程中，用人单位利用自己在劳动合同签订中的优势地位，利用一些不合法律规定的条款来减少甚至免除自己应当承担的责任，即使这种合同经过用人单位声称的“平等协商”，也不具备法律效力。这是因为这种权利与义务关系不对等的合同是对我国法律精神的严重亵渎，也是对劳动者合法权利的侵害。这种形式的无效合同比较常见的合同条款有“工资半年发放一次”、“自愿超时加班”等，有些用人单位甚至将“工伤概不负责”、“生死合同”等条款写进合同之中，这种不平等条款性质恶劣，严重侵犯劳动者的合法权利，没有法律效力。

从性质上看，用人单位企图利用自己在合同签订时的强势地位，免除自己在合同中的义务与责任，完全不顾劳动者应该享有的基本权利，这种行为不仅严重违背社会公德与社会良知，也是对民主与法律精神的挑战，具有十分严重的社会危害性。

（三）违反法律、行政法规强制性规定的劳动合同

劳动合同的内容必须符合我国法律以及相关行政条例的规定，如果合同中存在违反这些法律或者条例的内容，那么该合同无效，没有法律约束力与强制力。劳动法律以及相关的行政条例的规定是为了保证劳动合同的条款与内容实现用人单位利益与劳动者利益的统一，当然在一些公益组织与社会机构的签订的合同中，社会效益也是法律以及行政规定考虑的内容。

一般来说违背这些条款的合同主要包括：未对劳动保护做出规定、工作时间过长、劳动者基本权利没有保证、没有对妇女以及未成年人的特殊保护条款等。

实践过程中，违反法律、行政法规强制性规定的无效劳动合同主要有以下几种情形。

1. 恶意串通，损害国家、集体或者他人合法权益的劳动合同

恶意串通的劳动合同，是指用人单位从事某些有有损国家与人民利益活动时，利用高薪或者其他福利待遇为条件与劳动者恶意串通订立劳动合同。在这种情形中，劳动合同的内容通常与国家或集体利益相悖，这种合同也是无效的。

2. 以合法的形式掩盖非法目的的劳动合同

在劳动合同的签订中还存在以合法形式掩盖非法目的的现象，具体来说就是劳动单位与劳动者签订的劳动合同具有合法的外衣，但是其签订合同的目的以及从事的工作是违法的，这种行为也被称为“隐匿行为”。在这种情形当中，当事人签订合同的形式以及签订合同的过程和行为都没有任何违法现象，但这并不是当事人真正的目的也不是双方签订合同的真实意愿，只是通过合法形式的合同掩盖其不可告人的目的，这种合同也是无效的。

3. 损害社会公共利益的劳动合同

社会公共利益是全体社会成员的利益，从本质上来说公共利益与国家利益并不相同，因为国家利益代表的是统治阶级的意志，而公共利益则是全体社会成员的利益，在我国党是我国人民群众利益的代表，公共利益与国家利益是统一的，国家利益被包含在了社会公共利益里面。

许多国家的法律都规定违反了公序良俗或者公共利益的合同无效，我国法律没有善良风俗的说法，一般以社会公共利益涵盖之，但在实际上是逐渐认可的。公共利益或者公序良俗对于维护国家、社会一般利益及社会道德具有重要价值。损害社会公共利益的劳动合同其实质上是违反了社会主义的公共利益，破坏了社会秩序和生活秩序。

三、劳动合同无效的法律后果

就效果而言无效合同并不是不会产生法律效果，只不过不会像合同约定的一样产生预期的效果。

劳动合同无效的法律后果有两种。

(1)在劳动合同订立后，但未实际履行前，劳动合同全部自始无效。但如果只是劳动合同劳动条件的约定违反劳动法强制性规定的，应只限于该违法部分无效，其余部分仍然有效。

(2)如果劳动者已开始工作，劳动合同因符合诈欺、胁迫等法律规定的

无效情形而撤销时，并不意味着劳动者已经提供的劳动或者履行的义务作废，用人单位应该根据实际情况对劳动者进行经济补偿。

我们前面已经提到过劳动合同既有私法属性，又兼具公法属性的，因此如果劳动合同因为存在不法情形而没有效力，那么当事人（主要是指用人单位）不仅须承担私法上的责任如返还财产、赔偿损失等责任，同时，还须承担因为违反相关法律而应承担的法律责任，比如罚款、责令停业整顿、吊销营业执照等行政处罚，只有不断加强对非法劳动合同的打击力度，才能较少这类情形的发生，保证劳动者的合法权益。

我国劳动合同法规定，无效劳动合同，从订立的时候起就没有法律约束力。确认劳动合同部分无效的，不影响其他部分效力的，其他部分仍然有效。如劳动合同中有关保密的条款无效的，并不影响劳动合同其他条款的效力。无效劳动合同的订立和履行，会给当事人造成一定的损失。当劳动合同被确认为无效后，因无效劳动合同给一方当事人造成实际损失时，由有过错的一方负责赔偿。

"无论是《劳动法》还是地方劳动立法都只规定劳动合同无效，而未规定劳动合同可撤销或可变更情形。即一旦合同确认无效，从订立之时起，就没有法律约束力。……《合同法》则对此作了修正，即一方以欺诈、胁迫的手段订立的合同，未损害国家利益的，另一方当事人可选择变更和撤销。"因此，对于劳动合同出现的瑕疵，即便其中部分条款不具备法律效力，也应当给予当事人补救的机会。

这方面国外立法可以借鉴。比如，德国劳动法对合同当事人的个人自主的重视程度远远高于中国。在德国"合同当事人没有权利让一个有缺陷的劳动合同保持有效。与之相反，如果只涉及合同当事人自己的利益，而且合同的缺陷主要涉及合同当事人的决定自由，德国法律则允许合同撤销，也就是说让相关的合同当事人自己决定，是否承认合同对自己的效力。"

第三节　劳动合同法的原则、调整对象以及适用范围

一、劳动合同法的原则

（一）公平原则

公平是一个比较宽泛的概念，就劳动合同法对劳动合同订立、履行、解

除以及终止上的要求而言，其核心要求是保证劳动合同当事人双方的利益均衡。

公平原则主要包括以下两个层面的含义。

1. 公平原则是显失公平规则的判断准则

所谓显失公平，劳动合同的当事人中的一方利用自己在合同订立、履行或者其他方面的优势，通过对对方弱点的利用破坏双方权利与义务的对等关系，导致双方的利益失衡。例如，有些用人单位在招收普通的操作工人或者没有什么技术要求的员工时，由于劳动力比较充足，用人单位会提出比较苛刻甚至是违法的用人条件，比如性别、地域、种族的限制。

2. 公平原则是重大误解规则的判断准则

所谓重大误解，是指由于合同条款规定不甚明确，双方就某些权利与义务关系的理解存在分歧，比如当事人对工作责任、工作内容、福利待遇等方面的认识与另一方存在比较大的分歧。这种分歧很难判断双方孰是孰非，一般在解决这种纠纷的时候，法院、劳动行政管理部门或者仲裁机构会依据劳动合同法的公平原则，本着双方利益均等的标准对二者的分歧进行调节。

(二)平等原则

平等原则，亦称为法律地位平等原则，是指当事人双方以平等的身份订立劳动合同的原则。

平等原则体现在以下三个方面。

1. 签订合同过程中双方的地位平等

在劳动合同的签订过程中，企业与劳动者的法律地位平等，双方在法律规定的范围内平等得享有人格、法律地位上的平等，任何试图利用非法手段对另一方的独立性造成侵害的当事人都违反了我国《劳动合同法》的相关规定，属于违法行为。

2. 合同履行过程中双方平等地适用法律

劳动者以平等的法律地位与用人单位完成劳动合同的订立之后，在合同的履行的过程(包括合同的解除、变更、终止)中，适用法律是平等的，任何一方出现不按合同约定履行自己义务的行为时，都要平等地接受《劳动法》、《劳动合同法》以及相关劳动法律的惩罚。另外，在合同履行的过程中，双方权利的享有也应该平等地依据《劳动合同法》受到保护。

3. 合同的成立以双方的平等协商为前提

当事人双方在劳动关系中必须平等协商。劳动者和用人单位只能通过平等协商的方式来设立、变更、终止劳动关系，任何一方不得将自己的意志强加于对方。

（三）自愿原则

自愿是指劳动者与用人单位在劳动合同的订立、变更、终止过程中，可以根据自己的意愿，真实、充分地表达自己的想法，并根据自己的意愿撤销、更改或者终止合同。换个角度来说，我们也可以将该原则称为“自治原则”或“自由原则”。

具体来说，自愿原则主要体现在四个方面。

1. 订立劳动合同的自由

劳动者和用人单位都有权自主决定是否与对方缔结劳动合同，有充分的决定权。比如我国《劳动合同法》规定，在劳动合同订立的过程中当事人中的任何一方不得利用胁迫、隐瞒等手段，强制或欺骗另一方与之订立劳动合同。

2. 选择相对人的自由

劳动合同的签订是一个双向的选择的过程，只有劳动者与用人单位都愿意选择对方作为自己的缔结劳动合同、建立劳动关系的对象时，双方才能完成劳动合同的订立，因此我们说劳动合同主体在选择相对人方面是自由的。

3. 除法定条款外，有决定劳动合同商定条款的自由

因为劳动合同内容包括法定和商定条款，法定条款是强制性的，任何一方都必须遵照执行，不得通过协商来规避。而商定条款是当事人双方通过协商而确定的，双方有平等协商的自由。

4. 变更劳动合同的自由

随着时间的变化，在合同的执行的过程中由于执行条件的变动原来的合同条款不再适应新形势，这时候劳动合同的当事人有权通过协商，在达成一致后对原来的劳动条款进行调整和变更。

(四)诚实信用原则

诚实信用原则,简称诚信原则,在大陆法系中常常被称为“帝王规则”,是指劳动合同主体双方在从事劳动活动中应讲究信用,恪守诺言,诚实不欺,以善意的方式行使劳动权利和履行劳动义务。

具体来说,诚实信用原则对合同履行的积极意义主要体现在四个方面。

(1)诚实可信,以善意的方式行使劳动权利和履行劳动义务。

(2)在对劳动合同进行解释时,应本着依据诚信、公平的理念,准确解释合同。

(3)诚信原则平衡劳动者和用人单位之间的各种利益冲突和矛盾。

(4)诚信原则贯穿于劳动合同始终,对整个合同的履行的过程都能起到很好的调节与维作用。

根据诚实信用原则的要求,在不同的合同执行阶段有不同的当事人双方应该履行的不同义务。

(1)在缔结劳动合同阶段,应依诚信原则,对相对人负善意的注意义务,当事人不履行此义务,应承担缔约过失责任。

(2)在劳动合同订立后,但尚未履行前,当事人双方都应以诚信原则做好履约准备。

(3)在劳动合同履行中,当事人应当按照法律规定和劳动合同的约定,全面、具体、协作地履行。

(4)在变更和解除劳动合同时,也应当遵循诚信原则,如提前通知、平等协商、履行附随义务、给予经济补偿或赔偿等。

(5)在发生劳动合同争议时,当事人双方都应当依据诚信原则妥善地处理争议,避免给对方造成不应有的损失,受损失的一方,也应采取适当措施尽量减少损失,否则无权就扩大部分的损失请求赔偿。

二、劳动合同法的调整对象

劳动合同法的调整对象是劳动者与用人单位之间的劳动关系,以及与劳动关系紧密相关的其他关系。概括起来劳动合同法的调整对象主要包括两个方面的内容:一是劳动关系,这是劳动合同法调整的最重要、最基本的关系;二是与劳动关系有密切联系的其他社会关系。

(一)劳动关系

劳动关系是指用人单位与劳动者之间在劳动过程中和劳动合同履行的

过程中发生的一种彼此之间的权利与义务关系，其最主要的特点就是发生在劳动者与用人单位之间。我国《劳动合同法》第二条规定："中华人民共和国境内的企业、个体经济组织、民办非企业单位等组织（以下称用人单位）与劳动者建立劳动关系，订立、履行、变更、解除或者终止劳动合同，适用本法。国家机关、事业单位、社会团体和与其建立劳动关系的劳动者，订立、履行、变更、解除或者终止劳动合同，依照本法执行。"

根据《劳动合同法》的规定，我们可以分析劳动关系的几个法律特征。

1. 劳动关系主体的特定性

在劳动关系中，两个主体分别是劳动者与用人单位。在劳动合同依法订立之后，劳动者根据用人单位提供的信息、资料，比如企业的安全生产管理条例、日常管理制度等，执行自己的劳动义务，成为该企业的一员。从这一点来看，劳动关系与民事合同关系以及行政领导关系有着很大的不同。

2. 劳动关系内容的确定性

劳动关系的内容，也就是双方权利与义务关系的具体约定，其实现是在实际劳动过程中完成的，与劳动有直接的联系，没有劳动，劳动关系的内容无法实现。根据劳动关系的这一特性我们可以把它与其他和劳动社会关系以及民事劳动合同中的债权债务关系区分开来。

3. 劳动关系产生的法定性

劳动关系的发生、变更、解除、终止与劳动合同的发生、变更、解除与终止有着保密的联系，劳动合同的各种变动伴随着劳动关系的变动。劳动关系的变动必须依据我国《劳动法》、《劳动合同法》等劳动法律的规定进行，这是劳动关系与劳动合同的关系决定的。

4. 劳动关系的人身属性

劳动者与用人单位签订劳动合同，建立劳动关系为用人单位提供自己的劳动力，在劳动过程中劳动者其实就是将自己的人身在一定程度上交给用人单位支配，劳动者必须按照用人单位的要求为其提供劳动，因此我们说劳动关系具有人身属性。当然企业在获得一定程度上对劳动者人身的支配权力时，也会为劳动者的人身安全负责。劳动关系的人身属性决定了劳动者必须亲自参加企业的劳动才符合劳动关系的相关要求。

5. 劳动关系的财产性

在实现劳动过程中,劳动者提供有偿劳动力,用人单位向劳动者支付劳动报酬,由此缔结的劳动关系具有财产关系的性质。这种财产关系与民法调整的财产关系有一定的区别。民法调整的财产关系主要是民事主体之间因交换物化了的劳动即劳动成果而发生的财产流转关系,而劳动法调整的劳动关系是活劳动和物化劳动相交换的关系。

6. 劳动关系的平等性

在市场经济条件下,劳动关系的建立、劳动合同的签订是双向选择的结果,如果当事人双方没有达成一致,劳动合同不会订立双方的劳动关系也不会存在。由于合同的定义以及合同劳动法的基本原则都有对双方平等地位的要求,因此在劳动关系中双方在地位上是平等的,劳动关系具有平等性。

7. 劳动关系的隶属性

劳动者与用人单位平等、自愿、协商地建立了劳动关系后,劳动者就从属于用人单位,成为用人单位的职工,必须听从用人单位依法的指挥和调度,双方形成了管理与被管理、支配与被支配的关系,因而具有隶属性质。

(二)与劳动关系有密切联系的其他关系

与劳动关系有密切联系的其他关系,有的是发生劳动关系的必要前提,有的是劳动关系的直接后果,有的是随着劳动关系而附带产生的关系。这些关系包括以下几个方面。

1. 处理劳动争议而发生的关系

在实际的劳动过程中,劳动者与用人单位之间的矛盾和纠纷会一直存在,这是因为双方的利益出发点不同,当产生纠纷时劳动者可以请求工会组织、劳动管理部门、人民法院以及劳动仲裁部门对纠纷进行认定和处理。我国《劳动合同法》第四十三条规定:"用人单位单方解除劳动合同,应当事先将理由通知工会。用人单位违反法律、行政法规规定或者劳动合同约定的,工会有权要求用人单位纠正。用人单位应当研究工会的意见,并将处理结果书面通知工会。"第七十七条规定:"劳动者合法权益受到侵害的,有权要求有关部门依法处理,或者依法申请仲裁、提起诉讼。"

2. 执行社会劳动保险而发生的关系

在劳动关系持续的期间内，用人单位因职工生育、年老、残废、伤病、死亡以及失业等情况而为其购买社会保险，从而会产生社会保险机关与企业、事业单位、国家机关、社会团体、个体经济组织、民办非企业单位和职工之间因执行社会保险而发生的关系。

3. 监督劳动合同的执行情况而发生的关系

有关国家机关如劳动行政部门和卫生部门、工会组织履行自身的监管职责，或根据劳动者请求而进行的监督检查劳动合同的执行情况而发生的关系。《劳动合同法》第七十三条规定："国务院劳动行政部门负责全国劳动合同制度实施的监督管理。县级以上地方人民政府劳动行政部门负责本行政区域内劳动合同制度实施的监督管理。县级以上各级人民政府劳动行政部门在劳动合同制度实施的监督管理工作中，应当听取工会、企业方面代表以及有关行业主管部门的意见。"第七十六条规定："县级以上人民政府建设、卫生、安全生产监督管理等有关主管部门在各自职责范围内，对用人单位执行劳动合同制度的情况进行监督管理。"为了细化和明确这一规定，《劳动合同法》第六章专门就监督检查的内容和方式做了具体明确的规定。

三、劳动合同法的适用范围

(一)劳动合同法的空间适用范围

劳动合同法的空间适用范围即地域适用范围，与法律、法规的直接规定有关。例如，全国人民代表大会制定、颁布的《劳动合同法》等法律，国务院制定、颁布的《工伤保险条例》等行政法规，在全国范围内适用；地方性立法机关制定、颁布的地方性法规适用其管辖的区域内，但不得与全国性法律、行政性法规的规定相冲突；享有委托立法权的部门所制定的部门规章，在该部门或行业领域内适用，但不得与法律、行政法规和地方性法规相冲突，若发生冲突则为无效，直接适用上位法。因此，《劳动合同法》在我国境内对所有的中国公民、外国人、无国籍人等劳动者，与企业、个体经济组织、民办非企业单位、国家机关、事业单位、社会团体等用人单位建立劳动关系，订立、履行、变更、解除或者终止劳动合同均适用，具有地域管辖权。

（二）劳动合同法的时间适用范围

劳动合同法的时间效力，是指劳动合同法生效和失效的时间。对于法律法规的生效时间，一般有两种规定方式。

(1)自法律、行政法规或地方性法规、规章公布之日起即行生效。

(2)法律、行政法规或地方性法规、规章在公布后并不立即生效，而是规定一个实施的时间，在该实施时间到达之日即行生效。

对于法律、法规的失效时间，也有两种情况：一是法律、行政法规或地方性法规、规章本身规定了终止生效或某些特定条件出现时自然失效；二是在新的法律、行政法规或地方性法规、规章颁布后宣布原有的法律、行政法规或地方性法规、规章失效。《劳动合同法》仅规定了生效时间，其第九十八条规定："本法自 2008 年 1 月 1 日起施行。"

（三）劳动合同法对人的适用范围

对人的适用范围，即法律、法规、规章对哪些人发挥效力。我国《劳动合同法》第二条明确规定了对人的适用范围：劳动合同法适用于基于订立劳动合同而形成劳动法律关系的用人单位和劳动者。

劳动合同法对人的适用范围主要表现在五个方面。

(1)在中华人民共和国境内的企业、个体经济组织、民办非企业单位（以下统称用人单位）和与之形成劳动关系的劳动者，即在中华人民共和国境内的国有企业、集体所有制企业、中外合资企业、中外合作企业、外商独资企业、股份制企业、混合型企业、港澳台企业、私营企业、联营企业、乡镇企业以及雇工在 7 人以下的个体工商户和民办非企业单位与劳动者之间，只要形成劳动关系，并提供有偿劳动，建立劳动关系，都适用《中华人民共和国劳动合同法》。

(2)是国家机关、事业组织、社会团体和与之建立了劳动合同关系的劳动者，即国家机关、事业组织、社会团体实行劳动合同制度的以及按规定应实行劳动合同制度的工勤人员，其他通过劳动合同与国家机关、事业组织、社会团体建立劳动关系的劳动者，都适用《中华人民共和国劳动合同法》。

(3)国家不再核拨经费、实行独立核算、自负盈亏的这种实行企业化管理的事业组织的人员，适用《中华人民共和国劳动合同法》。

(4)是个人承包经营招用劳动者的，承包方、发包方（组织或者个人）和劳动者之间建立劳动关系，适用《中华人民共和国劳动合同法》。

(5)外国企业、外国社会团体和国际组织的驻华代表机构在中国境内与劳动者建立劳动关系，订立和履行劳动合同，也应当适用《中华人民共和国劳动合同法》。

依照上述规定，公务员以及比照实行公务员制度的事业组织和社会团体的工作人员、农村劳动者（乡镇企业职工和进城务工、经商的农民除外）、现役军人、家庭保姆，以及在中华人民共和国境内享有外交特权与豁免权的外国人等不适用我国《劳动合同法》。

【案例与解析】

案例一：家庭保姆或钟点工等家政服务人员是否受《劳动合同法》的保护？

【案情】张丽今年 20 岁，2012 年 3 月来到大连，并通过家政服务中介公司介绍，来到李某家做家政服务，主要工作是做家务，并服侍 80 岁的老奶奶，由于老奶奶生活理念与张丽不符，双方经常发生口角，张丽于 2012 年 6 月提出辞职，并且向李某要求支付这 3 个月的工资，李某不但不支付工资，反而要求张丽赔偿自己的损失，因为 5 月中旬因张丽使用不当，导致李某家的家电损坏。张丽一气之下，向劳动仲裁部门申请仲裁，利用你所学过的知识，分析张丽的主张是否能够得到支持？

【解析】由于张丽是通过中介机构介绍到雇主家里工作的，而且雇主不是“用人单位”，按照《劳动合同法》规定，与劳动者确定劳动关系的主体必须是“用人单位”，主要包括企业、个体经济组织、民办非企业单位等，个人无法充当用人单位的角色。家政服务员张丽的权益并不在保护范围之内。双方按照民事合同中的劳务合同进行赔偿处理。李某支付张丽这 3 个月的劳动费用，张丽对因主观过错使用不当而给李某家造成的家电损失进行相应的赔偿。

但是，如果张丽是通过劳动派遣公司派遣到雇主家里工作的，张丽则与劳动派遣公司形成劳动关系，受到《劳动合同法》的保护。

案例二：张某能要求幼儿园继续履行劳动合同吗？

【案情】蓝天幼儿园招聘女幼师，张某前去应聘，因钱某能歌善舞，顺利通过考核，因此蓝天幼儿园与钱某于 2011 年 10 月 10 日签订了一份工作合同。合同约定：幼儿园聘张某为歌舞老师，每月工资 1 500 元，其他均无。一年后合同到期，双方又续签了一年。后因该幼儿园生源不好，幼儿园为了节省开支，决定提前和张某解除工作合同，并提前一周书面告知张某从下月起将解除双方之间的工作合同,遭到张某的拒绝。为此双方发生纠纷,张某要求确认蓝天幼儿园和自己签订的工作合同为劳动合同,并认定对方单方面解除劳动合同行为无效,要求继续履行劳动合同。而蓝天幼儿园却认为,蓝天幼儿园是民办非企业单位,不属于《劳动合同法》的适用主体,因此蓝天幼儿园与张某之间的工作合同实际上是劳务合同,并愿意因解除劳务合同向张某支付1 000元违约金以赔偿其损失。假如你是律师,如何为张某进行法律咨询?

【解析】本案的焦点是幼儿园作为民办非企业单位是否为《劳动法》和《劳动合同法》的适用范围。《劳动合同法》第二条规定了用人单位的适用范围,即"中华人民共和国境内的企业、个体经济组织、民办非企业单位等组织(以下称用人单位)与劳动者建立劳动关系,订立、履行、变更、解除或者终止劳动合同,适用本法。国家机关、事业单位、社会团体和与其建立劳动关系的劳动者,订立、履行、变更、解除或者终止劳动合同,依照本法执行"。据此,本案中蓝天幼儿园与张某在第一份工作合同到期之后又续签第二份工作合同,该续签的第二份工作合同是在《劳动合同法》生效之后签订的,应当适用《劳动合同法》的规定。由此可见,本案中蓝天幼儿园与钱某之间的续签的工作合同的性质应认定为劳动合同,钱某与蓝天幼儿园属于《劳动合同法》上的劳动者与用人单位之间的关系,因此蓝天幼儿园的理由是不能成立的,蓝天幼儿园单方面解除与张某之间工作合同的行为是违法的,对此张某有权要求对方继续履行劳动合同。

案例三:享有养老保险的退休人员再就业是否受《劳动合同法》保护?

【案情】张某2012年从某市中学正式退休。退休后,决定重新再找份工作。某日,得知某私立中学招聘教师,于是应聘。双方满意,于是签订为期三年的劳动合同。张某上班第5个月,不小心在授课中摔倒,导致骨折,为此,张某要求私立中学按工伤处理,并且支付其养病期间的劳动报酬,私立中学见张某骨折,就要求与张某解除合同,并且不赔偿张某的损失。双方争执不下,张某请求劳动仲裁委员会予以仲裁,请问劳动争议仲裁委员会是否有职责处理这件事?

【解析】本问题的症结在于离退休人员再就业是否受《劳动合同法》保护的问题。按照《最高人民法院关于审理劳动争议案件适用法律若干问题的解释(三)》(法释[2010]12号)第七条的规定,用人单位与其招用的已经依法享受养老保险待遇或领取退休金的人员发生用工争议,向人民法院提起诉讼的，人民法院应当按劳务关系处理。也就是说，退休人员不再属于可以建立劳动关系的主体。为此，劳动争议仲裁委员会没有职责处理这件事。在此，也需要提醒那些离退休人员，如果退休后继续发挥“余热”，再就业时，一定要要求与用人单位签订合同，并明确其中各项务款内容，以防止用人单位侵犯自己的合法权益。

第二章　劳动合同的订立

劳动合同在我国的劳动法律体系中占有十分重要的地位，劳动合同的内容必须是当事人双方平等协商基础上的真实意思的表达，劳动合同的订立必须根据我国《劳动法》、《劳动合同法》等劳动法律规定的程序进行。此外，劳动合同的订立是建立在一定的前提条件之上的，根据合同订立的条件以及合同主体意愿选择合理的劳动合同形式也是我们在合同订立过程中需要注意的。

第一节　劳动合同订立及其基本原则

一、劳动合同订立

（一）劳动合同订立的含义

劳动合同订立是指劳动合同的签订主体，即用人单位和劳动者经过了解并相互满意之后，通过平等协商约定合同条款，确定双方之间的劳动关系，并以书面的形式将彼此间的权利与义务关系稳定下来。劳动合同的内容和条款具有法律强制效力，一经签订当事人双方就必须严格按照合同的约定履行自己在合同中应当承担的义务。

（二）劳动合同订立的特征

1. 劳动合同订立是合同履行、变更、解除、终止的前提

劳动合同只有订立之后才具有实际上的存在意义，合同的订立也是合同开始生效的标志。劳动合同订立需要经过劳动者与用人单位的相互了解、反复磋商才能进入实际上的合同订立阶段，有些人认为合同的订立就是起草书面合同、双方在合同书签字，这种观点是不全面的，因为合同签字生

效前的协商过程以及一系列的准备工作也是劳动合同订立的重要组成部分。另外,如果没有合同订立,那么合同实际上也就不存在,那么合同的履行、变更、解除以及终止等自然也就不会存在。

2. 劳动合同的订立与当事人双方的利益密切相关

劳动合同订立的双方当事人是劳动者以及用人单位,劳动合同的订立实际上也是对双方在劳动关系中权利与义务分配进行的一种调节,它关系到双方的切身利益,历来都受到当事人双方的重视。在劳动合同订立的过程中,劳动者和用人单位都应当秉承着严肃、认真的态度对待合同订立的整个过程,确保劳动合同的顺利签订。

二、劳动合同订立应该遵循的基本原则

(一)平等自愿原则

我们可以从两个方面来对平等自愿原则进行解释和说明。

1. 劳动合同的签订主体在法律地位上是平等的

平等原则是指劳动合同的双方当事人(劳动者与用人单位)在合同关系中的法律地位平等。法律意义上的平等是指形式平等或机会平等而不是实质平等。在劳动合同法律关系中,用人单位和劳动者在法律上属于各自独立的法律关系主体,用人单位和劳动者并不存在政治和人身依附关系,任何在订立劳动合同时都不得歧视对方,欺压、强迫对方订立劳动合同,如果强迫、胁迫或者乘人之危与对方达成协议,则协议归于无效或可以撤销。

在订立劳动合同的过程中,无论是法律地位还是身份关系都是平等的,劳动合同签订的任何一方当事主体都有自由决定是否签订合同、何时签订合同以及随时终止合同的权力。订立劳动合同的平等原则主要体现在订立合同时,劳动合同签订的双方当事人的法律地位平等,并且按照合同与法律规定平等的履行自己的义务、享受自己的权利。

2. 劳动合同的订立是基于双方意愿的真实表达

自愿原则是合同的精髓,具体来说就是双方在平等协商的基础上达成共识,劳动合同权利与义务关系的约定是双方真实意愿的表达。当然我们这里所说的“真实意愿”必须符合我国法律法规的规定。自愿是合同当事人意思表示的一致,只要劳动合同不违反法律和行政法规禁止性、订立劳动合

同的自愿原则主要体现在以下三个方面。

(1)在劳动合同的订立过程中,劳动合同双方当事人有权自主决定订立或不订立劳动合同。劳动者的这一权利是得到法律保护的,任何强迫、干涉或者威胁劳动者或用人单位签订合同的形式都是违法行为,会受到法律的制裁。

(2)在劳动合同的订立过程中,劳动合同双方当事人有权根据自己的意愿自由决定同谁订立劳动合同。劳动合同的签订是一个双向选择的过程,可能是企业根据发展需求挑选劳动者,也可能是劳动者根据自己的工作意向选择用人单位。

(3)在劳动合同的订立过程中,劳动合同双方当事人有权决定劳动合同的内容。劳动合同当事人在符合国家强行法和集体合同的最低标准的前提下,可创设劳动合同的部分内容。

自愿与平等是紧密联系在一起的,因为平等是自愿的基础,自愿是平等的保障,二者相辅相成、相互促进,是一个不可分割的整体。

(二)协商一致原则

在劳动合同的订立过程中,劳动者与用人单位的想法与意愿在不断协商、反复修改的过程中渐趋一致,如果劳动合同的当事人双方没有达成一致,那么合同便不能订立。协商一致原则是劳动合同订立的基础和前提,也是其必须遵循的一个基本原则。

协商一致原则在劳动合同的订立过程中有着极为明显的体现,从某种意义上来说协商一致原则可以看作平等、自愿原则的延伸和具体体现。但因劳动法律关系兼有平等性与隶属性,因而协商一致原则的彻底贯彻受到局限,主要体现在以下两个方面。

(1)劳动者与用人单位通过相互选择和平等协商,可以以劳动合同的形式确立劳动关系,也可以通过协议的形式延续、变更、中止、解除和终止劳动关系。这体现了劳动关系的平等性。

(2)劳动者与用人单位之间的劳动合同一旦订立,双方之间的劳动关系也就正式建立了起来,劳动者成为用人单位的一员,为用人单位提供自己的劳动,为用人单位创造价值。劳动者进入劳动单位之后,从工作上来看劳动者隶属与用人单位,企业自动成为劳动者劳动力或者智慧的支配者和管理者,并且在企业内劳动者必须要遵守企业的基本规章制。

劳动关系具有平等性与隶属性的二重属性,这两种属性看似矛盾根本不可能同时存在于同一个事物之中,但是我们应该明确一点劳动关系在不同的时期表现出来的正是不同的属性。在劳动合同的订立阶段,用人单位与劳动者在地位与法律关系上是平等的，这时劳动关系只有一个属性就是——平等；在劳动合同订立之后，在履行合同的过程中劳动者与用人单位在法律关系上还是平等的，但合同义务的履行使得劳动者在实际工作中更多处于从属地位，并且这种从属关系要更明显。

劳动合同一般是由用人单位事先拟定的格式条款，在劳动合同的执行过程中，劳动者可能迫于就业压力、经济压力等因素，放弃自己的一部分权利，甚至有些情况下会与用人单位签订不平等劳动合同。有鉴于此，对用人单位所提供的格式劳动合同，可参照《合同法》对格式条款的规则处理，其主要内容有以下几个方面。

(1)当格式条款的理解发生歧义时，应做出有利于劳动者的解释。

(2)对劳动合同的格式条款有两种以上解释的，应当按照通常理解予以解释，即按一般标准进行解释。

(3)对劳动合同的格式条款与非格式条款不一致的，应采取非格式条款。

(三)合法原则

无论是合同的当事人、内容和形式，还是订立合同的程序，均必须符合法律、法规的要求。特别是属于与劳动合同有关的强行性法律规范和强制性劳动标准，更应严格遵守。

具体来说，依法订立劳动合同，必须符合以下三项要求：

(1)主体适合。作为用人单位，应是在中国境内依法成立的企业、个体经济组织、国家机关、民办非企业单位等组织。作为劳动者，必须是年满16周岁、具有劳动能力的自然人。

(2)内容合法。劳动合同各项条款必须符合国家法律、行政法规的规定。

(3)订立劳动合同的程序和形式，应当符合法律规定。

只有依法订立劳动合同，才能受到法律的保护。因此，在订立劳动合同的过程中，契约自由受到合法性原则的限制。

(四)诚实信用原则

诚实信用原则也是劳动合同订立必须遵守的一个基本原则，具体来说诚实信用就是指劳动合同当事人在订立劳动合同的过程中应该诚实，恪守信用。诚实信用原则在劳动合同订立过程中的涉及环节比较集中，主要集中在用人单位或雇主和劳动者或雇员应履行告知义务，满足对方的知情权，从而使对方正确行使选择权。

1. 用人单位的告知义务

韩国劳动标准法规定:“在缔结劳动合同时,雇主负有对劳动合同的重要事项进行告知和说明的义务。如未尽此义务,应基于缔结合同上的过失责任负责损失的赔偿。巴林劳工法规定:“雇主或雇主代表在与工人缔结合同之前,应告诉工人工作的危险和他应遵守的安全措施。”

我国《劳动合同法》规定:“用人单位应当将直接涉及劳动者切身利益的规章制度和重大事项决定公示,或者告知劳动者。用人单位与劳动者建立劳动关系、订立劳动合同,应当如实告知劳动者工作内容、工作条件、工作地点、职业危害、安全生产状况、劳动报酬,以及劳动者希望了解的其他与订立和履行劳动合同直接相关的情况。

2. 劳动者的告知义务

韩国劳动标准法规定:“在缔结劳动合同时,劳动者有义务向劳动力使用者具体说明自身劳动力的质量。因劳动者的欺瞒行为使使用者误认为劳动者有缔结合同所需要的特定技能而引起的损失,由劳动者负责。”

我国《劳动合同法》规定:“用人单位有权了解劳动者与劳动合同直接相关的基本情况,劳动者应当如实说明。”

为保证双方当事人的意思表示真实,劳动合同的双方当事人有义务按照诚实信用原则的相关要求,将各自的状况真实地告诉另一方,比如劳动者的学历、工作经历、病史以及身体健康状况等,用人单位的工作环境、企业规模、工作状况以及企业总体经营和盈利状况等。劳动者与用人单位是劳动合同的两个主体,双方在劳动合同的订立过程中必须要本着为对方负责、对法律以及合同内容负责的态度遵循诚信原则。

第二节　劳动合同订立的条件

一、用人单位订立劳动合同的条件

用人单位指根据我国法律规定具有用人权利能力和行为能力,能够使用 1 名以上劳动者并能够支付相应工资的单位,用人单位在签订劳动合同时必须具有独立的法人身份。根据我国法律的规定用人单位包括:中华人民共和国境内的企业、个体经济组织、民办非企业单位等组织以及国家机关、事业组织、社会团体。此外,《劳动合同法实施条例(草案)》第4条规定,依法成立的会计师事务所、律师事务所、基金会等组织也属于用人单位。

用人单位订立劳动合同的条件应从用人权利能力和用人行为能力两方面理解,用人权利能力指用人单位依法能够享有用人权利和承担用人义务的资格。依据我国现行规定,制约用人单位权利能力范围的主要因素是主要有以下几个:

(1)职工编制和招工标准;

(2)职工录用法定基本条件;

(3)工资总额和最低工资标准;

(4)法定工作时间和劳动安全卫生标准;

(5)社会责任。

用人行为能力是指用人单位能有依靠已有的企业规模以及债务偿还能力,履保证劳动者能够正常从事生产劳动,并能为劳动者及时发放薪酬。它表明哪些用人单位依法可以成为用人权利的行使者和用人义务的履行者。

除此此外,针对现实中存在的用人单位与中介机构在招聘中合谋欺诈劳动者的问题,《就业促进法》从两个方面对中介机构的行为做了规定。

(1)区分公益性质的职业中介机构和经营性的职业中介机构。

(2)对于公益性质的中介机构规定了职责、经费来源以及超越职权承担的法律责任。

(3)对于经营性质的职业中介机构规定了市场准入条件,开展活动的基本原则。禁止行为,监督体制和违反法律的责任等。

二、劳动者订立劳动合同的条件

劳动者订立劳动合同的条件也包括劳动权利能力和劳动行为能力两方面。劳动权利能力指劳动者享有劳动权利,履行劳动义务的能力或资格。《中华人民共和国宪法》第四十二条规定:中华人民共和国公民有劳动的权利和义务,即具有中国国籍的人享有参加劳动就业的资格,这种资格是生而享有,人人平等,不因民族、种族、宗教信仰、性别等不同而有所区别。劳动行为能力指劳动者能以自己的行为行使劳动权利、履行劳动义务的能力或资格。

劳动行为能力决定能否将法律赋予的权利变成现实,主要体现为是否具有与生产资料相结合的条件。一般包括年龄条件、健康条件以及行为自由条件。

(1)年龄条件,主要指《劳动法》第十五条规定的需要年满16周岁,特殊工作单位招用未满16周岁的未成年人需要审批。

(2)健康条件指劳动者不能患有所在岗位或者工种禁忌或不宜的疾病;残疾人只能从事与自身状况相适应的职业。

(3)用人单位不得安排女职工、未成年工从事法律禁止范围内的劳动。行为自由,指劳动者就业需要有行为自由,否则无法行使自己的劳动权利,履行相应的劳动义务。

第三节　劳动合同订立的形式

一、劳动合同形式的概述

劳动合同形式是指劳动者与用人单位签订的合同的存在方式,它是合同存在状态的一种外部表现。总结起来各国的劳动合同大致上都是分为三种,即书面形式、口头形式以及推定形式。

(1)书面形式,是指劳动者与用人单位签订合同书,其内容用信件、数据电文等手段进行有形表现,然后固定下来的一种劳动合同。

(2)口头形式,是指用人单位与劳动者没有就双方的权力与义务关系以书面形式记录固定下来,而仅通过口头的协议确定了双方的权力与义务关系。口头形式的合同具有极强不稳定性,因为口头协议对双方的行为缺少约束力,并且因为举证难的问题难以追究违约责任。

(3)推定形式,是指用人单位和劳动者之间虽然已经存在劳动关系,但是双方的权力与义务关系是通过书面形式予以确定也没有经过口头约定。推定合同的成立根据是双方的行为,即双方已经存在劳动关系事实。

《劳动合同法》是我国劳动合同领域最权威、最全面的法律,根据《劳动合同法》的相关规定,劳动者与用人单位签订书面合同以书面形式为主,当然考虑到实际操作过程合同签订与实用的实际需求,《劳动合同法》也对口头劳动合同以及推定劳动合同进行了规定。《劳动合同法》第六十九条规定,非全日制用工双方当事人可以订立口头协议,基于这一条款《劳动合同法》第七条规定,用人单位自用工之日起即与劳动者建立劳动关系,用人单位应当建立职工名册备查。

二、书面劳动合同

(一)书面劳动合同的概念

书面劳动合同,是指用人单位与劳动者签订的以文字等有形的表现形式订立的,旨在彼此之间确立劳动关系、明确权利义务的一种合同形式。书面合同形式是我国《劳动法》和《劳动合同法》等法律法规规定的主要形式,尤其是《劳动合同法》更是对书面合同各个方面的细节进行了详细的规定。

一般来说,采用哪一种形式的劳动合同,是双方在平等协商的基础之上共同的选择,但是考虑到劳动者在劳动关系中处于弱势地位,用人单位的在劳动合同中的地位好处境要比劳动者好很多,因此为了保护劳动者的合法权益我国法律规定,如果没有特殊的情况或者劳动者主动要求,用人单位应该与劳动者签订书面合同。比如,《劳动法》第十九条规定:"劳动合同应当以书面形式订立。"《劳动合同法》第十条进一步加强了对这一要求的规定,并规定了如果用人单位违反这一规定应该承担的法律责任。我国之所以对书面合同形式采取这种强制性的规定主要是因为两个方面的原因。

(1)书面形式订立的劳动合同准确可靠、严肃慎重、有据可查,如果某一方出现违约行为,对另一方的合法利益造成了损害,那么法律可以根据合同的约定准确的判定责任归属,保护另一方的利益。

(2)采取书面合同的形式对签订合同的当事人也是一个有利的监督,因为在书面合同形式下,双方会更加积极的履行自己的合同义务,确保合同的顺利执行。

(二)书面劳动合同的效力

对于书面劳动合同的效力,存在三种不同的研究认知,即成立要件说、生效要件说以及证据要件说。

(1)成立要件说,即书面形式是劳动合同成立的要件,如果双方采取其他的形式订立合同,没有的形成书面文件,那么合同便不成立。

(2)生效要件说,即书面形式是劳动合同生效要件,如果双方采取它的形式订立合同那么,没有形成书面文件,那么合同便不生效。

(3)证据要件说,书面形式签订的劳动合同,双方的权利义务约定清晰明了,可以作为双方劳动关系成立的证明。

这三种理论每一种都有自己推论基础,都可以从某一角度解释书面合同的某种效力,那么我们分别来看一下这三种认识的推论基础。

1. 从法条字面分析

《劳动合同法》第十条第一款规定："建立劳动关系，应当订立书面劳动合同。"根据法律惯用语来说，一般如果法律明确规定某项义务或者责任某一方"应当"承担，那么我们可以将这一规定作为一项强制性条款来解释，而不能仅从其字面意思来理解认为这一规定是一项灵活执行的法律条款。根据《最高人民法院关于当前形势下审理民商事合同纠纷案件若干问题的指导意见》中的有关规定，如果劳动合同的某一方当事人违反了法律规定的强制性条款，那么劳动合同会被人民法院认定为无效。根据这一要求我们可以知道，如果企业没有依据我国法律的规定采用书面形式签订劳动合同，那么劳动合同会被认定无效，抽取二者内在的逻辑关系我们就会发现，书面形式是合同成立的必要条件。

2. 从法条规定分析

书面形式是劳动关系的证据效力这一认知我们可以通过从最高法院的司法解释进行推理和论证得出。《最高人民法院关于审理劳动争议案件适用法律若干问题的解释》(法释[2001]14号)第一条中第二项规定"劳动者与用人单位之间发生的下列纠纷，属于《劳动法》第二条规定的劳动争议，当事人不服劳动争议仲裁委员会做出的裁决，依法向人民法院起诉的，人民法院应当受理……劳动者与用人单位之间没有订立书面劳动合同，但已形成劳动关系后发生的纠纷。"从这一规定中我们可以看出，法院就是将书面合同作为了判定劳动合同违约责任的证据，将合同约定的内容作为了判定的依据。

3. 从实践需求推定

劳动关系具有稳定性和持续性，如果没有太大的变故劳动者与用人单位之间的合同会比较稳定长久的执行下去。在双方那个履行合同的过程中，随着经济的发展以及社会环境的变化，双方的权力义务关系可能会发生变化，比如劳动者工资的变化，双方不可能会因为每一次的工资调整都重新签订一次劳动合同，因此我们也不能僵化的把书面合同作为签订劳动合同唯一的形式，这对合同的实际运作其实是不利的。

(三)书面劳动合同的签订时间

《劳动合同法》第十条规定："建立劳动关系，应当订立书面劳动合同。已建立劳动关系，未同时订立书面劳动合同的，应当自用工之日起一个月内订立书面劳动合同。用人单位与劳动者在用工前订立劳动合同的，劳动关系自用工之日起建立”。

根据《劳动合同法》的这一规定我们可以预见书面劳动合同的签订时间可能出现的三种情形。

1. 建立劳动关系的同时订立

在此情况下，用人单位和劳动者之间劳动关系建立的时间和劳动合同生效的时间是同步的。这种情况是劳动合同签订过程中最常见的一种情况，它发生在大多数劳动合同订立的过程中。

2. 在建立劳动关系后的一个月内订立

在此情况下，用人单位和劳动者建立劳动关系的时间和劳动合同生效的时间不一致。这是因为《劳动合同法》考虑到用人单位的实际情况，对一些有特殊需求的用人单位而设置的条款，但用人单位必须在法定期限内与劳动者补签劳动合同，否则要承担法律责任。

3. 在用工之前订立

有些用人单位的工作具有很强的计划性，由于某些工作可能会因为技术难度高或工作量大而对劳动者造成很大的压力，因此用人单位会与一些专业技术人员或者临时工作人员提前签订劳动合同，使其在这些工作开展之时进入用人单位工作。《劳动合同法》第七条规定：“用人单位自用工之日起即与劳动者建立劳动关系。”这也就意味着，虽然双方的劳动合同提前签订，但是由于没有事实上的劳动，说以劳动关系并没有建立，企业需要支付薪酬，劳动者也无需自合同签订之时就进入用人单位工作。

（四）不签订书面劳动合同的法律后果

不签订书面劳动合同的情况有两种：第一种是用人单位不签订书面劳动合同；第二种是劳动者不签订书面劳动合同。我国《劳动法》及《劳动合同法》等相关法律对这两种情形应当承担的后果进行了规定。

1. 用人单位不签订书面劳动合同的法律后果

从相关的法律规定来看签订书面劳动合同是用人单位应该履行的一项法律义务，与此同时用人单位还必须保证双方合同签订的时间符合我国法相关法律的规定。《劳动法》第九十八条的规定：“用人单位违反本法规定的条件解除劳动合同或者故意拖延或不订立劳动合同的，由劳动行政部门责令改正；对劳动者造成损害的，应当承担赔偿责任。”《劳动合同法》第十条第一款再次明确了这一义务：“建立劳动关系，应当订立书面劳动合同。”

在劳动合同的实际签订过程中，我们应该注意以下几种情形发生。

(1)用人单位自用工之日起一个月内未订立书面劳动合同

我们前面已经提到过，为了满足一些用人单位特殊的劳动来需求，《劳动合同法》允许用人单位可以延期与劳动者签订劳动合同，这对于一些没有与劳动者及时签订劳动合同的用人单位是一个补救的机会。《劳动合同法》第十条第二款规定：“已建立劳动关系，未同时订立书面劳动合同的，应当自用工之日起一个月内订立书面劳动合同。”也就是说，用人单位即使延期与劳动者签订劳动合同，也不能超过从实际用工日一个月。

(2)用人单位自用工之日起超过一个月不满一年未与劳动者订立书面劳动合同

用人单位的这种行为已经构成了对劳动者合法权益的侵害，根据我国相关法律的规定应当给予用人单位相应的处罚。《劳动合同法》第八十二条第一款规定“用人单位自用工之日起超过一个月不满一年未与劳动者订立书面劳动合同的，应当向劳动者每月支付二倍的工资。”2008 年 9 月 18 日国务院发布施行的《劳动合同法实施条例》第六条对上述行为进行了更为细致和深入的规定：“用人单位自用工之日起超过一个月不满一年未与劳动者订立书面劳动合同的，应当依照《劳动合同法》第八十二条的规定向劳动者每月支付两倍的工资，并与劳动者补订书面劳动合同。”

根据上面的两项规定，如果用人单位自实际用工之日起超过一个月不满一年的时间内仍未与劳动者订立书面劳动合同的，用人单位除了承担向劳动者每月支付两倍的工资之外，还应该及时补签合同，并及时履行自己的支付义务，劳动监管部门对其有监督权。

(3)用人单位自用工之日起满一年不与劳动者订立书面劳动合同

如果用人单位用工时间超过一年，仍然没有跟劳动者签订劳动合同，其行为已经严重侵害劳动者的合法权益，性质十分恶劣，有些情节严重者已经构成了犯罪。《劳动合同法》第十四条第三款规定：“用人单位自用工之日起满一年不与劳动者订立书面劳动合同的，视为用人单位与劳动者已订立无固定期限劳动合同。”据此，《劳动合同法实施条例》第七条进一步规定：“如果用人单位自用工之日起满一年未与劳动者订立书面劳动合同的，那么用人单位依法应当承担下述 3 个法定义务：①自用工之日起满一个月的次日至满一年的前一日应当依照《劳动合同法》第八十二条的规定向劳动者每月支付两倍的工资；②自用工之日起满一年的当日，视为已经与劳动者订立无固定期限劳动合同；③用人单位还应当立即与劳动者补订书面劳动合同。”

2. 劳动者不签订书面劳动合同的法律后果

合同的订立不是劳动者或者用人单位某一方可以单独决定的，双方必须在协商一致的基础上达成共识，并且相互配合才能完成合同的签订。在签订劳动合同时，我国法律不仅对用人单位应该承担的责任进行了规定，同时也对劳动者应该履行的义务进行了具体的说明。

在劳动合同签订的过程中，劳动者承担的法律责任和义务应从该依据以下几种情形进行判定。

(1)劳动者自用工之日起一个月内不与用人单位订立书面劳动合同。

《劳动合同法实施条例》第五条规定；"自用工之日起一个月内，经用人单位书面通知后，劳动者不与用人单位订立书面劳动合同的，用人单位应当书面通知劳动者终止劳动关系，无需向劳动者支付经济补偿，只需支付实际工作时间的报酬。"

(2)劳动者自用工之日起超过一个月不满一年未与用人单位订立书面劳动合同。

《劳动合同法实施条例》第六条规定："劳动者自用工之日起超过一个月不满一年未与用人单位订立书面劳动合同的，用人单位应当书面通知劳动者终止劳动关系。"在这种情况中，用人单位有责任向劳动者支付一定数额的经济补偿。

第四节　劳动合同订立的程序

一、要约

劳动合同是用人单位与被招聘录用的劳动者之间依法确立劳动关系，明确双方权利义务关系的协议。劳动合同签订的第一步是要约，即用人单位通过一定的手段寻找符合条件的劳动者，这一步骤主要包括的内容包括以下几个。

(一)公开招聘

招聘是企业进行人才选择的最常用的手段，需要劳动者的用人单位可以通过招聘简章将其招收员工的消息散布出去。企业的招聘简章应该简明扼要，抓住企业招聘人才的关键切入点以及基本的招聘信息，比如招聘的岗位和条件以及企业待遇和福利等。就招聘条件而言，除非《劳动法》等相关法律对一些有特殊要求的行业以及工种外，企业要严格按照平等原则的要求组织招聘工作。例如，不能存在性别、户籍、年龄歧视。

在一些招聘简章中，有些用人单位会将应聘者被录用后的主要权利和义务编排进招聘简章，比如员工试用期待遇、正式录用后的工资、缴纳社会保险以及住房公积金状况以及其他的企业福利。

（二）自愿报名

看到招聘信息之后，一部分符合条件并且有求职意向的劳动者会依据简章上标明的时间和地点，自愿报名，到用人单位进行面试或者笔试。我国《劳动法》规定，招收未满 16 周岁的劳动者，即童工，属于违法行为，但是在一些特殊的行业用人单位可以招收未满 16 周岁的劳动者，比如影视演员、运动员等行业，在这些特殊社会行业招收未满 16 周岁的劳动者时，必须要严格按照我国《劳动法》以及相关法律的规定和要求，严格履行招收程序。

（三）考核

报名参加面试的劳动者，会向用人单位递交简历，用人单位对所有应聘者递交的个人材料进行书面审核，确定进一步考核的对象，按职位要求的职业资格，采取笔试、口试或者面试的形式，对应聘者进行全面考核，最后择优录用。

在有组织的招工考试中，参加考试的人员可以自愿报名，选择自己认为合适的工种。参加考试的人员，必须提交身份证明、毕业证书或者其他的证明文件。如初次参加工作，则应提交居住街道以上机关或学校的证明文件，以此保证用人单位了解录用劳动者的文化技术水平和工作能力以及劳动者的政治条件，以便于分配工作，用其所长，防止在校学生中途离校，防止非城镇人员参加考试。确需从农村招收工人的，除国家有规定的以外，必须报经省、自治区、直辖市的人民政府批准。

各用人单位招用或个别录用劳动者时，应当对应招人员的德、智、体、能进行全面考核，其考核内容和标准，可以根据生产、工作需要有所侧重。招用学徒工人，侧重文化考核；直接招用技术工人，侧重专业知识和技能考核；招用繁重体力劳动工人，侧重身体条件考核。

二、承诺

经过上述要约过程，用人单位对应聘者进行考核之后，用人单位可以从这些应聘者当中选择符合企业要求的劳动者录用，这时要约人已经确定，用人单位就可以向这些被正式确定的应聘者正式发出订立劳动合同的要约以及承诺。

用人单位一般都有固定格式的合同草案，这些制式草案的内容一般都是用人单位向拟录用的人员提出劳动合同草案，一般是劳动合同的格式条款。如果应聘者完全同意合同草案内容，视为承诺，双方就可签订劳动合同；如果应聘者不完全同意合同草案的内容，提出新的要求，构成反要约，双方可以就劳动合同的具体条款进行协商、谈判，最终达成一致，签订劳动合同；如果经过协商仍不能就合同条款达成一致意见，则协商过程中断，签订劳动合同落空。

三、签字或盖章

我国《劳动合同法》第十六条规定："劳动合同由用人单位与劳动者协商一致，并经用人单位与劳动者在劳动合同文本上签字或者盖章生效。劳动合同文本由用人单位和劳动者各执一份。"用人单位和劳动者就劳动合同达成一致后，用人单位盖单位的法人用章，必要时也可以书面委托所属的有关部门代为盖章，或由法定代表人签字或受委托人代为签字；劳动者则应加盖自己的印章或签字，遇有特殊情况，如本人因故出外远行而合同又必须订立，也可书面委托他人代签。劳动合同可以约定合同的生效时间。没有约定生效时间的，当事人签字之日即视为该合同生效时间。当事人签字或者盖章时间不一致的，以最后一方签字或者盖章的时间为准。劳动合同一般为一式两份，用人单位与劳动者各持一份。若合同鉴证部门需要，也可以一式三份。

用人单位与新招用的职工依法就劳动合同的条款经过协商，取得一致意见，达成协议，并经双方签字盖章，劳动合同即告成立。当事人双方可以在劳动合同中规定试用期。在试用期内，用人单位可以进一步考查被录用职工的德、智、体情况，了解其业务水平或工作能力是否与其担任的工作相称。如发现不符合招工条件，或与其承担的工作不相称的，用人单位则可解除合同。

另外，劳动合同终止的时间，应以劳动合同期限最后 1 日的 24 小时为准。外商投资企业与职工签订合同，必须用中文书写，也可同时用外文书写，但中外文本必须一致，中文文本为正本，如果中文文本与外文文本理解上发生歧义，则以中文文本为准。劳动合同鉴证机关只鉴证中文文本合同。依法订立的劳动合同，受国家法律保护，对订立劳动合同的用人单位和劳动者产生法律约束力，是处理劳动合同争议的直接证据和书面证明。

四、审核、鉴证

按照我国《工会法》规定，企业行政录用工人或职员时，应当通知基层工会。基层工会如发现录用职工或职员违反法律、法规时，有权于3日内提出异议，以防止个别单位不顾生产需要，滥招乱用职工，使企业受到不应有的损失。同时，为维护被录用职工或职员的合法权益，保证劳动合同的有效性，可以将劳动合同送劳动与社会保障行政部门进行审核、鉴证。

需要说明的是，对有些用人单位在招用特定工时，应报用人单位主管部门和当地劳动部门备案，如国有矿山、建筑、交通、铁路、邮电等用人单位招用农民轮换工或农民合同制工人时，同农民本人或其所在县、乡有关部门签订劳动合同后，应报企业主管部门和当地劳动部门备案。

用人单位在与被招收的劳动者订立劳动合同时，在实践中应注意以下问题。

(1)当事人双方应首先衡量本身是否具备招工的条件。

(2)订立劳动合同既要符合国家法律、法规和政策的规定，又要结合实际。

(3)劳动合同的内容繁简得当，对国家法律、法规规定详细的内容，可以从简，对于国家法律、法规没有具体规定的，应当尽量做出详细具体的规定。

(4)劳动合同中的用语要力求准确、明白，避免使用容易产生误解或歧义的词语。

(5)双方当事人的责任规定明确，责任不仅是劳动合同的核心，也是处理劳动争议的依据之一。

(6)劳动合同订立的日期和生效的日期必须明确。

劳动合同的订立是劳动合同双方当事人之间的一种法律行为。从理论上讲，实施这种法律行为必须遵循一定的先后顺序的行为规范，即劳动合同订立的程序。我国《合同法》第十三条至三十一条详细规定了要约和承诺为合同订立程序的规则，而《劳动法》关于劳动合同一章的内容和《劳动合同法》并没有对劳动合同的订立程序做出具体规定。因此，学术界对此的看法也不一致。

有学者认为，在国家没有制定专门的规范劳动合同订立的程序以前，应按照订立合同的一般程序进行，即分为要约和承诺两个阶段。

(1)要约，是指当事人一方向特定的或不特定的他方提出订立劳动合同的意思表示。一般来说，提出要约的一方称为要约人。劳动合同的要约通常由用人单位发出。

(2)接受要约的人为受要约人,受要约人同意要约的意思表示,在法律上称为承诺。承诺包括应招表示和应招行为。只要受要约人既有应招表示和应招行为,又符合要约人要约条件的,双方才能签订劳动合同,确立劳动关系。但应当指出的是,要改变只有用人单位才能成为要约方的认识,承认劳动者也同样可以成为要约方,可以进行要约与反要约,如人才自荐就是劳动者发出的订约建议。对于承诺的表现方式,应根据劳动合同当事人订约目的及条件等特点,如个人证件的提供等。但为维护劳动者和用人单位双方的合法权益,应该对某些内容给予强制性规范,如要约的撤回、要约的撤销、承诺的撤回等,可根据《合同法》第十七条、第十八条、第十九条、第二十七条的规定办理。

有一部分研究者认为,劳动合同的订立一般包括确定合同当事人和确定合同内容两个阶段。

(1)在劳动合同当事人的选择阶段,由用人单位与劳动者通过一定的方式进行相互选择,以确定劳动合同的双方当事人,它一般由用人单位的招工(招聘)行为和劳动者的应招(应聘)行为相结合而构成。

(2)在劳动合同的内容确定阶段,用人单位与劳动者就劳动合同的具体内容,通过平等协商,实现意思表示一致,以确立劳动关系和明确相互之间的权利和义务。

【案例与解析】

案例一:卫小红已经连续与单位订立了两次固定期限劳动合同,能否要求单位与其签订无固定期限劳动合同?

【案情】卫小红于与伊莲娜美容有限公司签订了一份为期一年的劳动合同,受聘美容技师岗位,每月工资2 000元,并享受社会保险等待遇。合同期满后,鉴于卫小红工作出色,深受顾客欢迎,双方又按照原劳动合同的内容又续签了一年。假如第二份劳动合同到期后,卫小红的工作仍然非常出色,双方同意续签劳动合同,此时卫小红能否要求伊莲娜美容有限公司与其订立无固定期限劳动合同?

【解析】本案实际上涉及无固定期限劳动合同的协商订立的情形和应当订立的情形。在劳动合同的订立过程中,劳动者和用人单位双方可以自由协商,只要能协商一致就可以订立无固定期限劳动合同。在本案中,如果卫小红提出订立无固定期限劳动合同,而伊莲娜美容有限公司同意与其订立无固定期限劳动合同,那么可以视为是双方协商一致订立无固定期限劳动合同的。

根据《劳动合同法》第十四条第二款第三项的规定连续订立二次固定期限劳动合同,且劳动者没有本法第三十九条和第四十条第一项、第二项规定的情形,续订劳动合同的,除劳动者提出订立固定期限劳动合同外,应当订立无固定期限劳动合同。那么,在本案中,卫小红可否根据此规定要求伊莲娜美容有限公司与其订立无固定期限劳动合同呢?分析如下:一是卫小红与伊莲娜美容有限公司连续订立二次一年期的固定期限劳动合同;二是卫小红在两次劳动合同履行过程中,工作出色,深受顾客欢迎,可以认定卫小红无劳动合同法第三十九条和第四十条第一项、第二项规定的情形;三是第二次劳动合同到期后,卫小红与伊莲娜均同意续订劳动合同。由此看来,卫小红与伊莲娜之间续订劳动合同情形似乎完全符合《劳动合同法》第十四条第二款第三项的规定。但是,需要注意的是,《劳动合同法》第十四条第二款第三项的规定的适用还需要满足下述一个额外条件,即《劳动合同法》第九十七条第一款的规定:本法第十四条第二款第三项规定连续订立固定期限劳动合同的次数,自本法施行后续订固定期限劳动合同时开始计算。

综上所述,虽然卫小红与伊莲娜之间劳动合同订立的情形符合《劳动合同法》第十四条第二款第三项的规定,但却不符合《劳动合同法》第九十七条第一款的规定,因此在此情况下,伊莲娜可以拒绝卫小红提出订立无固定期限劳动合同的请求。

案例二:不支付经济补偿,竞业限制条款无效

【案情】朱翔系某大学计算机专业的毕业生,于2012年1月8日,与大连市某电脑公司签订劳动合同,被聘为技术员,聘期两年,每月工资2 000元。同时。双方当事人还在劳动合同中约定了竞业限制条款,即朱翔在离职后3年内不得在本地区从事与该公司相同性质的工作;如果违反竞业限制条款,那么应当一次性赔偿电脑公司经济损失5万元。后因该电脑公司拖欠朱翔工资,朱翔向公司提出解除劳动合同、补发工资、支付经济补偿金的要求。电脑公司同意朱翔的前两项要求,不同意支付经济补偿金,同时还要求朱翔遵守劳动合同中的竞业限制条款的约定,向电脑公司支付经济补偿金5万元,并在3年内不得在本地区从事与该公司相同性质的工作。对此,双方争执不下,请问本案该如何处理?

【解析】根据《劳动合同法》第三十八条第一款第二项的规定和《劳动合同法实施条例》第十八条第一款第五项的规定,在用人单位未及时足额支付

劳动报酬的情况下，劳动者可以解除劳动合同，并且用人单位负有向劳动者支付经济补偿金的义务。本案中，电脑公司拖欠朱翔工资，属于上述情形。对此朱翔可以向电脑公司提出上述3项要求。

《劳动合同法》第二十三条的规定："用人单位与劳动者可以在劳动合同中约定保守用人单位的商业秘密和与知识产权相关的保密事项。对负有保密义务的劳动者，用人单位可以在劳动合同或者保密协议中与劳动者约定竞业限制条款，并约定在解除或者终止劳动合同后，在竞业限制期限内按月给予劳动者经济补偿。劳动者违反竞业限制约定的，应当按照约定向用人单位支付违约金。"据此，本案中电脑公司与朱翔在劳动合同中约定了竞业限制条款，但是该条款显然属于《劳动合同法》第二十六第二项规定的情形，即用人单位免除自己的法定责任、排除劳动者权利的，因此应当认定该竞业限制条款无效。同时，根据《劳动合同法》第二十四条："竞业限制的人员限于用人单位的高级管理人员、高级技术人员和其他负有保密义务的人员。竞业限制的范围、地域、期限由用人单位与劳动者约定，竞业限制的约定不得违反法律、法规的规定。在解除或者终止劳动合同后，前款规定的人员到与本单位生产或者经营同类产品、从事同类业务的有竞争关系的其他用人单位，或者自己开业生产或者经营同类产品、从事同类业务的竞业限制期限，不得超过两年。"据此，本案中的竞业限制条款对朱翔的竞业限制年限超过法律规定的上限，那么超过的部分应当认定为无效。

综上所述，本案中朱翔的合法权益受到了电脑公司的侵害，法律应当支持朱翔的请求，而电脑公司对朱翔的竞业限制条款因违反法律的强制性规定而无效。

案例三：用人单位能否以保密为由收取劳动者押金、证件？

【案情】冰雪美人美容美体中心（简称美体中心）与从苏州市蓝海卫生学校毕业的柳惠签订一份为期三年的劳动合同。合同约定：美体中心聘柳惠为美容技师，负责为顾客进行按摩、理疗等服务，同时需要向顾客推荐本美体中心的美容美体产品，推荐一款产品可以提成5%。美体中心每月向柳惠支付工资2 000元。美体中心声称，考虑到美体中心独有美容美体的技术以及产品配方等不致泄密，要求柳惠承诺进行保密。于是要求柳惠向美体中心交付押金5 000元，并要求柳惠将毕业证交由美体中心保存。柳惠当时就决定美体中心的做法不妥，但是考虑到工作不好找，只好接受美体中心的要求。柳惠在该美体中心工作一年后，发现该美体中心并无什么技术方面的秘密，只是向顾客兜售所谓进口的高级产品，感觉在该美体中心长期干下去并无什么发展前途。同时，加上柳惠心直口快，被美体中心的经理训斥过好几次，柳惠也感觉工作的并不是很舒心。于是，柳惠决定向美体中心提出辞职。美体中心同意柳惠的辞职请求，但却以柳惠须履行两年的保密责任为由拒不退还5 000元押金。同时，对柳惠抱歉地说，美体中心不慎将柳惠的毕业证弄丢了，但愿意赔偿1 000元。对此，柳惠不同意美体中心的说法，双方之间发生争议。请问美体中心是否有权要求柳惠支付押金并扣押其毕业证？为什么？

【解析】根据《劳动合同法》第二十三的规定："用人单位与劳动者可以在劳动合同中约定保守用人单位的商业秘密和与知识产权相关的保密事项。对负有保密义务的劳动者，用人单位可以在劳动合同或者保密协议中与劳动者约定竞业限制条款，并约定在解除或者终止劳动合同后，在竞业限制期限内按月给予劳动者经济补偿。劳动者违反竞业限制约定的，应当按照约定向用人单位支付违约金。但是，本案中该美容美体中心并无什么商业秘密，因此也不存在着所谓的"保密责任"。同时，《劳动合同法》第九条的规定："用人单位招用劳动者，不得扣押劳动者的居民身份证和其他证件，不得要求劳动者提供担保或者以其他名义向劳动者收取财物。"据此，本案中美容美体中心收取了柳惠的押金5 000元并扣押了柳惠的毕业证的行为，显然违反了《劳动合同法》第九条的规定，应当认定美容美体中心的上述行为违法。对此，《劳动合同法》第八十四条规定："用人单位违反本法规定，扣押劳动者居民身份证等证件的，由劳动行政部门责令限期退还劳动者本人，并依照有关法律规定给予处罚。用人单位违反本法规定，以担保或者其他名义向劳动者收取财物的，由劳动行政部门责令限期退还劳动者本人，并以每人500元以上2 000元以下的标准处以罚款；给劳动者造成损害的，应当承担赔偿责任。劳动者依法解除或者终止劳动合同，用人单位扣押劳动者档案或者其他物品的，依照前款规定处罚。"

基于此，柳惠有权要求向当地劳动行政部门投诉，要求美容美体中心退还押金和毕业证。在美容美体中心无法退还毕业证的情况下，柳惠有权依照上述规定，要求其承担损害赔偿责任。

第三章　劳动合同的履行与变更

劳动合同的履行和变更是合同履行过程中经常遇到的情况，那么劳动合同履行和变更究竟是什么？劳动合同的履行和变更需要那些条件？劳动合同的履行和变更又应该按照怎样的程序进行呢？本章我们将对劳动合同变更与履行的这些问题进行分析与研究。

第一节　劳动合同的履行

一、劳动合同履行的概念与特征

（一）劳动合同履行的概念

劳动合同签订完成以后，双方当事人根据合同的约定以及相关的法律要求，履行合同约的定义务、承担合同约定的责任就是合同的履行。具体来说，就是指合同签订之后，劳动者依据合同的规定履行自己的劳动义务，承担自己应负的岗位责任；而用人单位依据合同的约定保证劳动者合理的休息，及时、足额向劳动者支付报酬，保证劳动者的生命与健康安全等。

劳动合同的履行，在不同阶段有不同的特点，但就合同当事人双方的权利与义务关系来看，二者是恒定的，即便用人单位因为某些原因而产生变动双方之间的劳动关系依然稳固。比如，由于兼并、收购或者企业重组造成的企业法人、名称等内容的变化都不会对双方的关系产生影响。

（二）劳动合同履行的特征

劳动合同的履行主要具有以下法律特征。

1. 劳动合同的履行是劳动合同双方当事人的履约行为

履行合同约定的条款和义务是当事人双方都必须承担的，因为这是双方从合同中获得的相应权利。没有合同的履约行为，双方的权利不能实现，合同就如同一纸空文。在合同的履行中，双方当事人应该根据合同的约定以及相关法律的规定自觉的履行自己的义务。

2. 劳动合同的履行是当事人全面、正确完成劳动合同义务的行为

履行劳动合同无论是从理论上来说还是从合同履行的实际情况来看，就是合同内容、条款以及执行程度上的全面履行。劳动合同签订后，双方当事人的具有对等的权力与义务，并且权力的享有是以履行自己对另一方的义务为前提的，因此如果在履行合同过程中，其中一方对合同的相关内容不能全部履行，却享有全部的权利，那么对另外一方是不公平的，不符合合同签订的基本原则，双方很可能会为此而终止或者解除合同。

3. 劳动合同的履行是当事人全面完成合同义务的行为过程

我们这里所说的全面完成合同的义务是指当事人在合同约定的期限内要全面履行自己的义务，在合同终止或者解除之后应该也应该履行自己应尽的义务，比如掌握企业核心专利技术以及商业秘密的劳动者，在合同结束以后在一定期限内应当对原单位的商业秘密以及专业技术保密，否则将会违反相关法律的规定，情节严重者甚至会构成犯罪。

二、劳动合同履行的基本原则

（一）实际履行原则

合同的实际履行还有两个称呼，即“特定履行”与“继续履行”，是指在劳动合同的其中一方因为某种原因不履行自己的义务时，另一方有权利要求对方继续履行合同规定的相关义务，保证双方权利与义务的对等性。实际履行的制度价值在于，赔偿并不能代替责任人在合同中的义务，双方必须在平等的为对方负责，实际履行的这一特点主要表现在两方面。

（1）合同主体的其中一方因为违约对另一方造成损失，不能以赔偿的方式来代替自己在合同中的义务，除非发生合同主体一方解体、死亡等不可抗力的影响。

（2）劳动合同的当事人一方如果没有按照合同的规定履行自己的义务，那么另一方可以通过法院或仲裁机构强制其履行自己的合同义务。

(二)亲自履行原则

劳动合同的亲自履行原则,是指在劳动合同义务的履行过程中,相关义务与责任的履行以及应有权利的享受主体必须是合同签订的双方,任何组织和个人都没有权力代替劳动合同的主体履行义务。

用人单位通过招聘等手段选择适合企业工作内容的劳动者,双方签订老的那个合同体现了用人单位对劳动者的认可与信任以及劳动者对企业工作和文化的满意与向往,劳动合同之所以能够签订不仅是因为双方在合法合理地前提下完成了合同内容的约定,更包含了当事人主体彼此间的信任。如果劳动合同的当事人不去亲自履行自己的责任,不仅对双方的信任会造成严重的伤害,并且从法律意义上来说是一种欺骗行为,因为企业看中的当事人的工作能力而不是代替者的工作能力,同样的道理劳动者看中的是签约企业工作报酬或者企业文化,而不是替代企业的工作报酬和企业文化。

对于劳动力派遣这种特殊的劳动关系,我们应该明确一点,从法律意义上来说与劳动者订立劳动合同的用人主体(劳务派遣单位)和实际用人主体(接受派遣单位)是分离的,并没有违反亲自履行这一基本原则。

(三)正确履行原则

正确履行原则,是指劳动合同的当事人应该按照合同约定以及《劳动合同法》的有关规定,对合同约定的义务与责任进行忠实地履行,任何一方都不能私自修改合同的内容和相关条款。合同的正确履行原则包括三方面的内容,即实际履行、亲自履行以及全面履行。从法律确认的角度来说,劳动合同的当事人如果没有按照合同规定的方式或者途径完成自己的应尽的义务,而是采取合同之外的手段达成这一目的,即使最终当事人履行了自己的义务,那么也是一种不符合法律规定的行为。

另外,合同的正确履行还要求劳动合同双方的当事人应该按照合同的内容和条款履行完自己全部的义务与责任,比如按照合同约定的时间上下班、按照合同约定的数量发放工资、按照合同约定的内容保证员工个人的生命与健康安全同等。只有合同双方正确的履行了自己的职责,合同才能稳定、持久的运行下去。

(四)协作履行原则

协作履行原则,是指劳动合同双方的在履行自己的义务、承担自己的责任过程中,应该与另一方及时沟通、相互协作、互相帮助,通过双方的共同努力保证合同的稳定执行。

协作履行的原则主要包括以下几个内容：

(1)劳动合同签订主义的任何一方都要保证自己在谨守实际、亲自、全面和正确履行合同的基本原则之上承担自己应该履行的义务和责任。权利与义务是相互，任何对合同原则以及内容的忠诚对合同的稳定执行都具有重要的促进作用，同时对合同主体的另一方具有很好示范作用。

(2)在合同的履行过程中，双方之间不仅仅是单纯的劳动关系，也不只存在利益关系，双方更应该是朋友关系，履行自己的义务和责任不仅是合同对自己的要求，同时也是对另一方的负责。

(3)合同履行过程中如果存在不合理的现象和行为，那么其中一方有权力也有责任对另一方的不合理行为进行纠正与制止。若劳动者违约，用人单位应对其进行说服教育；若用人单位违约，劳动者也要向用人单位或者法律及劳动仲裁机关及时反映，并协助其纠正。

(五)诚实信用原则

我国《劳动合同法》规定："用人单位或劳动者在履行劳动合同时，应当遵循合法和诚实信用的原则。"诚信原则不仅在劳动合同的订立中具有重要的意义，同时它也是我国经济和社会发展过程中必须遵循的一个重要原则。我国《劳动合同法》以及《劳动合同管理条例》对劳动合同当事人应该诚实信用原则进行了明确的规定，劳动和合同的双方当事人在履行合同约定的义务与责任时应该秉持诚实信用的原则，保证自己全面、正确的履行自己的合同义务。

我国《合同法》对诚实信用原则做出了拓展，规定这一原则适用于劳动合同的所有适用领域，并要求劳动合同双方当事人根据劳动合同的性质、目的和交易习惯履行通知、协助、保密等义务。

三、休息休假问题

(一)休息休假的概念

休息休假是指劳动者依法在劳动关系存续期间不从事劳动而有权自行支配的时间。劳动者的休息权是法律赋予劳动者的宪法性权利之一，我国《宪法》第四十条规定："中华人民共和国劳动者有休息的权利。国家发展劳动者休息和休养的设施，规定职工的工作时间和休假制度。"《宪法》统领性的规定为劳动者实现休息权提供了保障，进而保证劳动者在工作一段时间后及时补偿因劳动而付出的体能消耗、保障劳动者的身体健康，对此用人单位应当严格依照法律的规定来保障劳动者的休息休假权利，不得非法占用劳动者的休息休假时间，也不得对劳动者在休息休假期间内的行为进行干涉。

(二)休息休假权的种类

根据我国《劳动合同法》以及劳动合同管理条例的规定，劳动者享有的休息休假的权利主要有以下几种。

1. 一个工作日内的休息时间

一个工作日内的休息时间主要是指劳动者在工作之余放松自己身心以及用餐的时间。这一部分时间虽然不计入劳动者的工作时间，但是它对缓解劳动者紧张工作的压力、减轻工作疲劳具有十分独特的作用，在员工的作息时间中有着不可替代的作用。在实际工作过程中，因各行业的工作性质以及内容的不同，工作内休息时间设置也不尽相同。一般来说，劳动者在一个工作日内的休息时间应当不少于半小时。

2. 两个工作日间的休息时间

两个工作日间的休息时间是指劳动者在一个工作日结束后到下一个工作日开始前的休息时间。劳动者在经过一个工作日的劳动之后，消耗了大量的体力和脑力，身心俱疲，需要一定的休息时间来进行恢复，一般情况下为 15 小时或 16 小时。实行轮班制的，其班次必须平均调换，不得让劳动者连续工作两班。

3. 周公休假日

周公休假就是我们平时所说的周末，它是劳动者工作一周之后应当享有的合理的放松身心、调节状态的休息时间。我国《劳动法》第三十八条规定，用人单位应当保证劳动者每周至少休息一日。国务院 1995 年 3 月发布的《国务院关于修改(国务院关于职工工作时间的规定)的决定》规定，劳动者每周享有两天公休假日，即“双休日”。周休的时间一般为星期六和星期日，企业性质以及工作内容比较特殊的企业可以根据其的实际状况合理选择周休的时间。

4. 法定节假日

法定节假日就是我国法律规定的全体劳动者统一的休息时间，其目的是为了纪念、庆祝某些特殊的日期，比如国庆节长假、“五一”假期、端午节假期等。2013 年 12 月 11 日《国务院关于修改〈全国年节及纪念日放假办法〉的决定》对法定节假日放假的具体安排做出了明确的规定，其主要内容有以下几方面。

(1)全体公民放假的节日：新年，放假 1 天(1 月 1 日)；春节，放假 3 天(农历正月初一、初二、初三)；清明节，放假 1 天(农历清明当日)；劳动节，放假 1 天(5 月 1 日)；端午节，放假 1 天(农历端午当日)；中秋节，放假 1 天(农历中秋当日)；国庆节，放假 3 天(10 月 1 日、2 日、3 日)。

(2)部分公民放假的节日及纪念日：妇女节(3 月 8 日)，妇女放假半天；青年节(5 月 4 日)，14 周岁以上的青年放假半天；儿童节(6 月 1 日)，不满 14 周岁的少年儿童放假 1 天；中国人民解放军建军纪念日(8 月 1 日)，现役军人放假半天。

(3)少数民族习惯的节日，由各少数民族聚居地区的地方人民政府，按照各该民族习惯，规定放假日期。

(4)二七纪念日、五卅纪念日、七七抗战纪念日、九三抗战胜利纪念日、九一八纪念日、教师节、护士节、记者节、植树节等其他节日、纪念日，均不放假。

(5)全体公民放假的假日，如果适逢星期六、星期日，应当在工作日补假。部分公民放假的假日，如果适逢星期六、星期日，则不补假。

5. 带薪年休假

带薪年休假是指除了公休假、节假日休息外，企业应该给予员工的一种时间比较长的带薪假期。《劳动法》第四十五条对此做出了明确的规定，即“国家实行带薪年休假制度。劳动者连续工作一年以上的，享受带薪年休假。具体办法由国务院规定。”2008 年 1 月 1 日国务院正式颁布并施行《职工带薪年休假条例》(以下简称《条例》)，该条例规定对年休假制度的内容进行了明确的规定。为了贯彻落实年休假制度，保护劳动者的劳动休息权，人力资源和社会保障部于同年 9 月 18 日公布施行了《企业职工带薪年休假实施办法》，对年休假制度的具体实施办法进行了详细的规定。

6. 病假

病假仅指职工因病或非因工负伤而依法享有的休息期间。对有关病假问题的规定，没有统一的法律规定，散见于不同时期的劳动法规、规章中。

我国各种劳动法律以及管理条例中关于病假规定的内容主要包括两个方面。

(1)在病假期间职工工资的支付上，根据劳动部于 1995 年 1 月 1 日公布施行的《关于贯彻执行〈中华人民共和国劳动法〉若干问题的意见》(劳部发[1995]309 号)第三十九条的规定，职工患病或非因工负伤治疗期间，在规定的医疗期内由企业按有关规定支付其病假工资或疾病救济费，病假工资或疾病救济费可以低于当地最低工资标准支付，但不能低于最低工资标准的80％。

(2)在病假所享有的医疗期上，根据《企业职工患病或非因工负伤医疗期规定》的相关规定，企业职工因患病或非因工负伤，需要停止工作医疗时，根据本人实际参加工作年限和在本单位工作年限，给予3个月到24个月的医疗期。

7. 其他假期

如女职工的特殊假期，保胎假、产前假、产假、哺乳假、流产假等，用人单位不得侵害劳动者的合法权益，应当严格依照国家现行的相关的法律法规执行，在此不再一一赘述。

四、劳动报酬问题

(一)劳动报酬的概念

劳动报酬是签订劳动合同的当事人双方都比较重视的一个因素，因为报酬是劳动者进行劳动、履行合同义务的主要目的，同时报酬也是企业对员工价值评定的最基本体现，是企业成本的重要组成部分。在劳动关系的所有权利中劳动报酬请求权是劳动者最重要的一项权利，在因为劳动报酬直接关系到劳动者及其家庭成员的生存、生活，因此法律应该对其进行特殊的保护。

(二)劳动报酬的确定

劳动报酬是劳动合同的必备内容，用人单位和劳动者在订立劳动合同时，应当在劳动合同中明确约定劳动报酬的数额和支付方式。如果双方当事人约定不明确的，根据《劳动合同法》第十一条的规定："用人单位未在用工的同时订立书面劳动合同，与劳动者约定的劳动报酬不明确的，新招用的劳动者的劳动报酬按照集体合同规定的标准执行；没有集体合同或者集体合同未规定的，实行同工同酬。"

(三)劳动报酬的支付

1. 用人单位应及时支付劳动者报酬

根据劳动合同的约定以及相关法律的规定，用人单位在合同约定日期及时向劳动者支付劳动报酬是其应尽的义务与责任，任何试图拖欠劳动者合法劳动报酬的行为都是违法的，会受到法律的追究。用人单位是否能够及时向劳动者支付劳动报酬，不仅仅关系到劳动者个人权利的实现，更关系到劳动者是否能够正常的生活。

工资是劳动报酬的最主要支付形式，根据劳动部于 1994 年 12 月 6 日发布并于 1995 年 1 月 1 日施行的《工资支付暂行规定》(劳部发[1994]489 号)第七条的规定，工资必须在用人单位与劳动者约定的日期支付。如遇节假日或休息日，则应提前在最近的工作日支付。工资至少每月支付一次，实行周、日、小时工资制的可按周、日、小时支付工资。对完成一次性临时劳动或某项具体工作的劳动者，用人单位应按有关协议或合同规定在其完成劳动任务后即支付工资。劳动关系双方依法解除或终止劳动合同时，用人单位应在解除或终止劳动合同时一次付清劳动者工资。此外，《劳动合同法》对非全日制用工劳动报酬的及时支付作了有针对性的规定，即该法第七十二条第二款的规定："非全日制用工劳动报酬结算支付周期最长不得超过十五日。"

2. 用人单位应当足额向劳动者支付劳动报酬

根据劳动合同的约定以及我国相关法律的有关条款，劳动者在按照合同约定履行了自己的工作义务到制定日期或者完成全部工作之后有权要求用人单位按照国家法律规定和劳动合同的约定的标准、数额支付劳动者的全部劳动报酬，对于劳动者的合理要求用人单位没有权力拒绝，应当对这部分合理报酬进行一次性支付，不得部分支付或者拖欠。

一边情况下，除非有法律的特别规定或者劳动合同的特别约定，用人单位不得克扣劳动者的工资，如《工资支付暂行规定》(劳部发[1994]489 号)第十五条规定用人单位不得克扣劳动者工资，但在下述情况下，可以用人单位依法代扣劳动者工资。

(1)用人单位代扣代缴的个人所得税。

(2)用人单位代扣代缴的应由劳动者个人负担的各项社会保险费用。

(3)法院判决、裁定中要求代扣的抚养费、赡养费。

(4)法律、法规规定可以从劳动者工资中扣除的其他费用。

3. 用人单位向劳动者支付的劳动报酬不得低于当地的最低工资标准

用人单位在支付劳动者的劳动报酬时，除了要及时、足额之外还有一项法定义务，即用人单位支付给劳动者的劳动报酬应当不低于当地的最低工资标准。按照劳动部的《关于贯彻执行中华人民共和国劳动法若干问题的意见》(劳部发[1995]309号)第五十四条的规定,最低工资还不包括延长工作时间的工资报酬,以货币形式支付的住房和用人单位支付的伙食补贴,中班、夜班、高温、低温、井下、有毒、有害等特殊工作环境和劳动条件下的津贴,国家法律、法规、规章规定的社会保险福利待遇。关于最低工资问题,劳动和社会保障部于2004年3月1日发布施行的《最低工资规定》进行了全面的规定。

最低工资标准测算方法如下。

(1)确定最低工资标准应考虑的因素

确定最低工资标准一般考虑城镇居民生活费用支出、职工个人缴纳社会保险费、住房公积金、职工平均工资、失业率、经济发展水平等因素。可用公式表示为:M=f(c、s、A、u、E、a)(注:M最低工资标准,c城镇居民人均生活费用,s职工个人缴纳社会保险费、住房公积金,A职工平均工资,u失业率,E经济发展水平,a调整因素)。

(2)确定最低工资标准的通用方法

比重法,即根据城镇居民家计调查资料,确定一定比例的最低人均收入户为贫困户,统计出贫困户的人均生活费用支出水平,乘以每一就业者的赡养系数,再加上一个调整数。其次是恩格尔系数法,即根据国家营养学会提供的年度标准食物普及标准食物摄取量,结合标准食物的市场价格,计算出最低食物支出标准,除以恩格尔系数,得出最低生活费用标准,再乘以每一就业者的赡养系数,再加上一个调整数。以上方法计算出月最低工资标准后,再考虑职工个人缴纳社会保险费、住房公积金、职工平均工资水平、社会救济金和失业保险金标准、就业状况、经济发展水平等进行必要的修正。

比如,某地区最低收入组人均每月生活费支出为210元,每一就业者赡养系数为1.87,最低食物费用为127元,恩格尔系数为0.604,平均工资为900元。

按比重法计算得出该地区月最低工资标准为:

月最低工资标准=210×1.87+a=393+a(元)(公式①)。

按恩格尔系数法计算得出该地区月最低工资标准为:

月最低工资标准=127+0.604×1.87+a=393+a(元)(公式②)。

公式①与②中a的调整因素主要考虑当地个人缴纳养老、失业、医疗保险费和住房公积金等费用。另外,按照国际上一般月最低工资标准相当于月平均工资的40%～60%,则该地区月最低工资标准范围应在360～540元之间。

小时最低工资标准=[(月最低工资标准÷20.92÷8)×(1+单位应当缴纳的基本养老保险费、基本医疗保险费比例之和)]×(1+浮动系数)

浮动系数的确定主要考虑非全日制就业劳动者工作稳定性、劳动条件和劳动强度、福利等方面与全日制就业人员之间的差异。各地可参照以上测算办法，根据当地实际情况合理确定月、小时最低工资标准。

五、劳动者的劳动安全保障权

劳动者履行自己的合同义务，为用人单位提供劳动，创造价值，与之相对应的企业应该为劳动者提供安全、整洁的工作环境，并根据合同的约定以及相关法律法规的规定保证劳动者人身安全以及身心健康。

（一）劳动者的拒绝权

《劳动合同法》第三十二条第一款规定："劳动者拒绝用人单位管理人员违章指挥、强令冒险作业的，不视为违反劳动合同。"从该条款中我们可以看出，《劳动合同法》对劳动者的基本人身权进行保护，劳动者在实际劳动过程中享有拒绝权。

一般来说，如果劳动者行使拒绝自己的拒绝权时需要满足下述两个条件。

(1)用人单位的行为以及做法不在劳动合同的约定范围之内，或在劳动合同范围之内但不合法，也就是用人单位在缺少安全设备以及安全措施的情况下，要求劳动者从事危险劳动项目的作业，置劳动者人身安全于不顾，严重侵犯劳动者的人身安全权利以及劳动合法权利。在这种情况下，劳动者可以拒绝用人单位不合理的作业要求，如果用人单位强制其作业，劳动者可以向法院或者劳动仲裁部门进行请求，要求停止侵害或给予赔偿。

(2)劳动者的拒绝行为必须建立在自身合理合法地履行了自己的合同义务的基础之上。另外，劳动者还必须具备良好的业务素质、熟悉安全生产和管理规程，对违规操作的非法高危作业内容具有良好的辨别能力，才能够预知工作中的危险因素合理行使自己拒绝权。

（二）劳动者的安全生产监督权

我国《劳动合同法》第三十二条第二款规定："劳动者对危害生命安全和身体健康的劳动条件，有权对用人单位提出批评、检举和控告。"《劳动合同法》之所以做出这一规定，目的是保护劳动者的合法权益，赋予劳动者在人身与健康安全受到侵害之后的自我救济权力。如果在劳动过程中，用人单位在安全措施缺乏或者没有安全措施的情况相爱，组织劳动者进行危险工作的作业，那么此时劳动者基于自身生命安全和身体健康的考虑，可以依法对用人单位提出批评、检举和控告以维护自身的正当权益。

（三）劳动者解除劳动合同权

《劳动合同法》第三十八条第二款的规定："用人单位违章指挥、强令劳动者冒险作业，并且已经危及劳动者人身安全的，劳动者可依法立即解除劳动合同，且不需事先告知用人单位。"《劳动合同法》的这一规定对已经或将要对劳动者的人身安全造成损害的行为进行了约束，赋予了劳动者自我保护的权力。

（四）请求损害赔偿权

根据《劳动合同法》第八十八条的规定，用人单位有违章指挥或者强令冒险作业危及劳动者人身安全行为的，劳动行政主管部门可以依法给予行政处罚，构成犯罪的，依法追究刑事责任。同时，用人单位的上述行为给劳动者造成损害的，劳动者有权依法要求用人单位承担相应的损害赔偿责任。

第二节　劳动合同的变更

一、劳动合同变更的概念

劳动合同变更是指劳动合同的当事人双方在合同签订后，在履行各自的合同约定义务与责任的过程那种，因为合同履行条件或者主体的发生变动，之前的部分合同已经失去了执行的条件和基础，双方依照相关法律法规的相关内容在平等协商的基础上，对原有的合同条款进行补充和修订的行为。

劳动者与用人单位依法的劳动合同具有法律效率，双方必须在合同约定的范围内以合同约定的执行方式全面、正确地执行合同条款，在双方没有协商并达成共识的情况下，任何一方都没有权力对合同的条款进行任何形式的变更。我国《劳动合同法》第三十五条规定，"用人单位与劳动者协商一致，可以变更劳动合同约定的内容。变更劳动合同，应当采用书面形式。变更后的劳动合同文本由用人单位和劳动者各执一份"。从《劳动合同法》的这一条款中我们可以看出，即使双方签订的劳动合同已经生效并开始执行，只要在法律规定的范围内经过双方的平等协商并达成共识，即可以对合同的相关内容和条款进行必要的变更，通常来说合同变更应当采用书面形式。

二、劳动合同变更的方式

劳动合同变更的方式可以分为两种：第一种是协议变更，我们也称其为“约定变更”；第二种是法定变更，也叫“依法变更”。

（一）协议变更

1. 约定变更的特点

协议变更，还有另外两个叫法，即“约定变更”和“依约变更”，是指在当事人双方签订合同之初，由于对某些可能出现的情况有所预料，对某些因这些情况出现引起的合同变化事先进行了协商与约定。因此，在合同执行过程当中，如果某些事先预测的情况出现，那么当事人双方就会根据合同的约定对相关的条进行修改或者补充。我们之前已经提到过《劳动合同法》允许用人单位与劳动者在协商一致的基础上，对合同进行变更。

协议变更通常是劳动者和用人单位双方真实意思的表达，并且劳动合同签署之初就已经有所约定，因此协议变更对双方正常执行合同的影响比较小，有利于双方执行合同的连续性，而且双方基本不会产生合同纠纷。协议变更劳动合同应当按照《劳动合同法》规定的程序进行，并应该采用书面形式对合同变更的条款与内容进行记载。

2. 约定变更的条件

协议变更用人单位和劳动者之的劳动合并不全部是实现约定好，有时候由于突发状况的出现，双方为了继续执行劳动合同，也会对劳动合同进行相应的变更，一般来说事先没有进行合同约定的协议变更，通常以法定的变更条件为准，主要包括以下三个。

（1）用人单位和劳动者协商一致

劳动合同的变更与劳动合同的签订一样，都必须遵守平等自愿的基本原则，关于合同条款变更以及修改需要双方协商一致才能生效，否则变更行为就不能完成。还有一点就是在变更条款协商的过程中双方当事人应该在平等自愿的基础上进行，任何一方不能利用自己在劳动关系中的强势地位将自己的意图强加于另一方。劳动合同的变更是双方协商一致的结果，在协商完成之前任何一方单方对合同内容进行修改的行为都不成立，另一方有权拒绝执行该条款，并可以依法追究其法律责任。

(2)须采用书面形式

根据《劳动合同法》第十条的规定，用人单位和劳动者之间订立劳动合同的，需要以书面形式订立，以明确双方之间的权利义务，避免将来发生不必要的劳动争议或纠纷。对此，《劳动合同法》第三十五条延续第十条规定的精神，作了类似的规定，即要求用人单位和劳动者之间变更劳动合同时，也应当以书面形式进行变更。同时，变更后的劳动合同，由用人单位和劳动者各执一份。如果用人单位与劳动者变更劳动合同没有采用书面形式，是否变更就不具有法律效力？《最高人民法院关于审理劳动争议案件适用法律若干问题的解释(四)》(2011 年 8 月征求意见稿)对此进行了拟定，"用人单位与劳动者变更劳动合同虽未采用书面形式，但用人单位与劳动者口头协商一致，双方已实际履行了变更后的合同内容，且自履行之日起六十日内未提出异议的，该变更行为有效"。

(3)须在原劳动合同的期限内进行变更

在劳动合同期限内，劳动合同的当事人双方那对劳动内容的修改或者改动，都是属于劳动合同的变更行为，双方要严格按照我国《劳动合同法》的有关规定对合同进行合法的变更。如何合同到期，双方调整合同内容并重新签订劳动合同，这种情况下由劳动合同的修改不在合同期内，因此不属于合同的变更，而是合同的续订。

(二)法定变更

1. 法定变更的主体

(1)用人单位名称或法定代表人等内在因素的变更

这种变更对劳动合同没有影响。比如我，我国《劳动合同法》第三十三条规定："用人单位变更名称、法定代表人、主要负责人或者投资人等事项，不影响劳动合同的履行。"

(2)用人单位因分立、合并等外在因素的变更

在激烈的市场竞争中用人单位可能因为市场、资金、企业战略等因素的考虑，进行企业并购或者合并活动，企业组织结构的变动对企业法人身份的地位和认定有重要的影响，发生这种情况后劳动合同的双方那个应该根据具体的情况对劳动合同进行及时的变更。

企业间的合并分为新设合并和吸收合并两种：在新设合并的情况下，多个法人主体(两个或两个以上)合并，那么原来企业的法人资格消失，员工应该与合并后新企业法签订劳动合同；在吸收合并的情况下，被吸收企业的法人资格消失，吸收企业的法人资格不消失，劳动者应该根据自己的实际情况

决定更改、签订合同法人主体。

2. 法定内容变更

法定内容的变更主要有以下几种情况。

(1)根据我国《劳动合同法》的规定,如果劳动者患病或者非因工负伤且在规定的医疗期满后不能从事原工作,那么用人单位和劳动者可以在平等协商的基础上安排劳动者从事本单位的其他工作,如果双方当事人经过协商一致,则可以依法变更原劳动合同。

(2)在劳动者不能胜任工作的情况下,用人单位也可以和劳动者进行协商,调整劳动者的工作岗位,对此双方当事人协商达成一致,则可以依法变更原劳动合同。

(3)在劳动合同订立时所依据的客观情况发生重大变化致使劳动合同无法履行的情况下,用人单位可以与劳动者协商变更劳动合同,如果双方当事人经过协商对劳动合同变更达成一致,那么可以依法变更劳动合同。

(4)在企业转产、重大技术革新或者经营方式调整的情况下,用人单位和劳动者可以协商变更双方之间的劳动合同。

(5)用人单位严重亏损或因发生自然灾害,确定无法按照原约定的条件履行劳动合同的,用人单位在与劳动者订立或变更合同时,其中有关工作岗位、劳动报酬等内容可通过专项协议的方式来约定。该专项协议应为劳动合同附件。

(6)劳动者因健康状况而不能从事原工作的。劳动者因意外事故致伤、致残,不能从事原岗位劳动的,工作岗位需要作适当调整。

(7)法律、法规允许的其他情况,如用人单位变更名称的,应当变更劳动合同的用人单位名称,以及用人单位实施股份制或股份合作制改造的情形。用人单位主体发生变化的,应由变化后的用工主体与劳动者履行原合同;如原合同不能履行的,应当依法变更合同等。

我们之前说到过,无论是合同的签订还是合同的变更和履行都应该建立在双方协商一致的基础之上。一般来说,双方协商后会由其中一方(通常是用人单位)草拟一份书面形式的劳动合同,并交给另一方(通常是劳动者),接受草拟合同的一方协商一致,并且先提出变更要求的一方,应当将变更要求书面送交另一方,如果同意 15 日之内应做出书面回复,如果不同意需要重新协商。合同一经签订就具有在一定时期之内的稳定性,但是如果有下列情形之一的,用人单位可以单方面变更原劳动合同中的工作岗位和相关工作条款。

(1)劳动者患病或者非因工(公)负伤,医疗期满后不能从事原工作的。

(2)劳动者因为身体原因或工作能力不足不能胜任合同约定工作的。

(3)劳动合同订立时所依据的客观情况发生重大变化,致使原劳动合同无法履行的。

在上述三种情形之中,其中最后一项,即第(3)项“因客观情况发生重大变化”,是指因用人单位分立、合资、合并、兼并、转(改)制、跨地区搬迁、企业转产或者进行重大技术改造,劳动合同所确定的生产、工作岗位消失的情形。

在劳动合同没有变更的情况下,用人单位不得安排职工从事合同规定以外的工作,但下以下几种情况除外。

(1)发生事故或遇灾害,需要及时抢修或救灾。

(2)因工作需要而临时调动工作。

(3)发生短期停工。

(4)法律允许的其他情况。

三、劳动合同变更的程序

劳动合同变更一般是协议变更,必须依照法定程序变更。一般来说,劳动合同的变更分为三个步骤。

(1)劳动合同的当事人一方根据合同执行情况的和条件的变化及时提交书面的合同变更协议,并向另一方说明变更合同的理由、内容、条件以及请求对方答复的期限等基本内容。

(2)按期予以答复。当事人一方得知另一方提出变更合同的建议后,说明变更合同的理由、内容、条件以及请求对方答复的期限等项内容。

(3)签订书面协议。双方就变更的内容、条件进行协商,达成一致意见后,应签订书面协议,并经用人单位和劳动者双方签字或者盖章生效。

四、劳动合同变更的类型

(一)调级调岗调薪的劳动合同变更

薪酬是维系劳动关系的纽带,在合同执行的过程中如果企业的经营状况或者盈利情形发生了变化,企业有权根据相关法律的规定对劳动者的薪酬进行必要的管理调整。《劳动法》第四十七条规定:“用人单位根据木单位的生产经营特点和经济效益,依法自主确定本单位的工资分配方式和工资水平。”此外,第十九条规定“企业享有工资、奖金分配权”,其中规定企业有权制定职工晋级增薪、降级减薪的办法，自主决定事实上晋级增薪、降级减薪的条件和时间。

因此，很多用人单位认为企业有权随时对员工调岗调薪，因为所谓的“生产经营需要”，并非一个非常严格且易于界定的概念，企业可以灵活运用之。例如，单位因生产经营需要，内部进行机构调整，而变更劳动者的工作岗位，这是否属于《劳动法》中“客观情况发生重大变化”之规定？

劳动部办公厅《关于(劳动法)若干条文的说明》第二十六条规定：“本条中的‘客观情况’指：发生不可抗力或出现致使劳动合同全部或部分条款无法履行的其他情况，如企业迁移、被兼并、企业资产转移等。”根据上述界定，单位因生产经营需要进行内部机构调整，致使劳动合同的岗位条款无法履行，应属于《劳动合同法》第四十条规定的“客观情况发生重大变化”，至少应属于其边缘性的情况。用人单位可依据《劳动合同法》的规定，对劳动者的劳动合同作出相应处理。

而员工则认为调岗调薪属于劳动合同的变更，合同应经双方协商一致。用人单位无权单方决定。用人单位与员工观点上的分歧导致实践中大量调岗调薪争议的发生。对此，我们认为，应承认和保护用人单位的用工自主权，即允许用人单位根据生产经营需要对员工调岗调薪。同时，也要防止该权利的滥用。为防止权利的滥用，用人单位应对其调岗调薪行为举证说明其具有“充分合理性”。由此可见，用人单位固然有权对员工调岗调薪，但这种权利却不是任意的、无限制的，用人单位应谨慎为之。

为减少和避免因调级、调岗、调资所引发的劳动合同变更的纠纷，根据《劳动合同法》第四条规定：“用人单位应当依法建立和完善劳动规章制度，保障劳动者享有劳动权利、履行劳动义务”，用人单位可以通过制定内部规章制度的方式来做出补充规定和说明。例如，用人单位制定岗位职责和技能要求，可从工资、业务、技能、思想、身体等诸方面加以考虑。具体来说，应确定用人单位的组织架构和各部门的职能职责；根据各部门的职能职责，确定各部门的岗位分级标准和具体的岗位名称；针对各岗位进行职务分析；制定职务说明和职务规范；制定岗位说明书；对岗位说明书进行修订；建立对员工考评或考核的标准与制度；规定员工职、薪升降与岗位调整的程序，如审批程序，合同变更程序等。

(二)将固定期限的劳动合同变更为无固定期限的劳动合同

劳动合同在有效期内，劳动者可以依法要求用人单位将固定期限的劳动合同变更为无固定期限的劳动合同。《劳动合同法》第十二条规定：“劳动合同分为固定期限劳动合同、无固定期限劳动合同和以完成一定工作任务为期限的劳动合同。”同时规定，劳动者在同一用人单位连续工作满10年以上，当事人双方同意续延劳动合同的，如果劳动者提出订立无固定期限的劳动合同，应当订立无固定期限的劳动合同。

所谓固定期限劳动合同，是指用人单位与劳动者约定合同终止时间的劳动合同。用人单位与劳动者协商一致，可以订立固定期限劳动合同。所谓无固定期限劳动合同，是指用人单位与劳动者约定无确定终止时间的劳动合同。用人单位与劳动者协商一致，可以订立无固定期限劳动合同。

连续订立二次固定期限劳动合同，且劳动者没有《劳动合同法》第三十九条和第四十条第一项、第二项规定的情形，续订劳动合同的。用人单位自用工之日起满1年不与劳动者订立书面劳动合同，视为用人单位与劳动者已订立无固定期限劳动合同。所谓以完成一定工作任务为期限的劳动合同，是指用人单位与劳动者约定以某项工作的完成为合同期限的劳动合同。用人单位与劳动者协商一致，可以订立以完成一定工作任务为期限的劳动合同。

如果原劳动合同期限为有固定期限，且合同在履行的过程中，劳动者因具备了与用人单位签订无固定期限劳动合同条件，提出变更原合同为无固定期限劳动合同的，如果劳动者能够与用人单位就变更事宜达成一致意见，劳动合同就可以变更。但是，如果用人单位不同意变更劳动合同，并且在原合同到期届满之时也不同意续签的，双方只能终止劳动关系，而不能变更原劳动合同。

在法国，劳动合同的变更是针对不定期劳动合同而言的，可分为非实质性变更和实质性变更。非实质性变更是指企业单方面对合同所做的较小的变动，既不影响雇员工作量和劳动报酬，也不涉及工作地点变换条款、工作稳定条款、非竞争条款，一般雇员能够接受。如果不接受，辞职不会得到补偿。实质性变更是指企业单方对合同所做的重要变动，如果雇员能够接受，那么新的条款代替旧的条款，劳动合同继续履行。如果雇员拒绝接受，辞退雇员时要付一定的补偿金。

在我国，根据最高人民法院《关于审理劳动争议案件适用法律若干问题的解释》第十六条第二款“根据劳动法第二十条的规定，用人单位应当与劳动者签订无固定期限劳动合同而未签订的，人民法院可以视为双方存在无固定期限劳动关系，并以原劳动合同确定双方权利义务关系”的规定，在原劳动合同期满后，若用人单位同意与劳动者续签劳动合同，但对符合签订无固定期限合同的劳动者签订了有固定期限的劳动合同，在续签的合同履行过程中，根据该条的规定，劳动者有权要求将有固定期限的劳动合同变更为无固定期限的劳动合同。

针对当前劳动合同短期化倾向明显等问题,《劳动合同法》在用人单位与劳动者订立无固定期限劳动合同方面提出了更高的要求,其中第十四条规定:“用人单位与劳动者协商一致,可以订立无固定期限劳动合同。”

一般来说如果有下列情形之一,劳动者提出或者同意续订、订立劳动合同的,除劳动者提出订立固定期限劳动合同外,应当订立无固定期限劳动合同。

(1)劳动者在该用人单位连续工作满10年的。

(2)用人单位初次实行劳动合同制度或者国有企业改制重新订立劳动合同时,劳动者在该用人单位连续工作满10年且距法定退休年龄不足10年的。

(3)对用人单位自用工之日起满1年不与劳动者订立书面劳动合同的,视为用人单位与劳动者已订立无固定期限劳动合同。

【案例与解析】

案例一:“自愿加班”不需要支付加班费吗?

【案情】案情:严桐在成大贸易公司就职,作为办公室文秘,负责外文翻译和打印工作。由于公司对外业务繁忙,外来函件和文稿较多,因此严桐常常一天也不得闲,而且常常在即将下班的时候,接到一些需要立刻处理的外来函件与文稿,甚至有时候在周末也不得已到公司加班加点,处理完上述事务,以备公司领导在周一的例会上决定。然而,当严桐向公司提出支付加班费时,公司领导却说:“公司并未安排你加班,你加班是自愿行为,当然没有加班费。”严桐对此不服,将此申请到劳动争议仲裁委员会申请仲裁,那么公司是否应该支付自己的加班加点的费用?

【解析】《劳动合同法》第三十一条规定:“用人单位应当严格执行劳动定额标准,不得强迫或者变相强迫劳动者加班。用人单位安排加班的,应当按照国家有关规定向劳动者支付加班费。”本案中,公司的对外业务繁忙,外来函件与文稿较多,严桐在法定的8小时工作时间内根本完成不了这些工作量,不得已选择加班。这正是,公司制定了过高的劳动定额标准,变相迫使严桐加班。在此情况下,严桐的“主动”或“自愿”行为,非其本意,实为公司变相强迫劳动者加班行为之使然。对此,劳动争议仲裁委员会应当认定严桐“自愿”加班的行为乃是公司制定过高的劳动定额标准使然,因此应当根据《劳动法》第四十四条的规定:“在劳动者超过标准工作时间提供劳动的,用人单位应当支付高于劳动者正常工作时间工资的工资报酬,即安排劳动者延长工作时间的，支付不低于工资的150%的工资报酬；休息日安排劳动者工作又不能安排补休的，支付不低于工资的200%的资报酬；法定休假日安排劳动者工作的，支付不低于工资的300%的工资报酬。

案例二：劳动者能否因用人单位的法定代表人、名称、组织形式等发生变化而要求解除劳动合同？

【案情】2013年2月2日，陶丽丽女士入职大通科技有限公司财务部从事会计工作。双方签订了为期5年的劳动合同，陶丽丽被聘为公司会计部主管，月薪5 000元，享受社会保险等福利待遇。同年8月，大通科技有限公司与同市的骏达科技有限公司进行合并，拟组建四海科技股份公司，公司的上层领导也进行了重新调整。陶丽丽认为，原聘她为会计部主管的大通科技有限公司的董事长兼总经理郝某已经调离后组建的四海科技股份公司，新的公司领导怀某肯定会启用自己亲信的会计，自己在公司的发展肯定没什么前途，于是向四海科技股份公司的领导提出了辞呈，其理由是当初进大通科技有限公司时，就是冲着大通科技有限公司在业内良好的信誉而来的，现在公司进行全方面的改制，已经不是原来的大通科技有限公司了。既然大通科技有限公司不存在了，那么自己同大通科技有限公司之间的劳动合同也应当自然而然地终止了。所以，陶丽丽女士要求终止劳动合同，并要求经济补偿。那么本案究竟应该如何处理呢？

【解析】《劳动合同法》第三十三条规定："用人单位变更名称、法定代表人、主要负责人或者投资人等事项，不影响劳动合同的履行。"第三十四条规定："用人单位发生合并或者分立等情况，原劳动合同继续有效，劳动合同由承继其权利和义务的用人单位继续履行。"

根据以上法律条款的规定，用人单位的名称、法定代表人、主要负责人或者投资人发生变化以及用人单位发生合并、分立的情况下，为了保护劳动者的合法权益不受上述因素变化的影响，《劳动合同法》规定了劳动者与用人单位之间的劳动合同时不受影响的或原劳动合同是继续有效的。在此情况下，显然用人单位不得以此借口与劳动者解除劳动合同。那么，劳动者以此要求解除劳动合同呢？我们认为，上述规定同样适用于劳动者一方。本案中，陶丽丽实际上因重用自己的原大通科技有限公司的董事长兼总经理郝某已经调离新组建的四海科技股份公司，认为新公司的领导不会重用自己，而借口大通科技有限公司已经不复存在，要求终止与承继大通科技有限公司权利义务的四海科技股份有限公司之间的劳动合同是无法律根据的。

本案中，陶丽丽如果不愿意继续履行原劳动合同，可以向四海科技股份有限公司提出解除劳动合同,但是用人单位无需向其支付经济补偿金。

案例三:劳动合同期满劳动者胁迫企业续订劳动合同应该如何处理?

【案情】 2012 年 12 月,姜燕青与大连市某贸有限公司签订为期 3 年的劳动合同,在该公司的销售部任职。2008 年 11 月,在双方之间的劳动合同期满前 1 个月,工贸有限公司因深受当年的金融风暴的影响,销售业绩大幅滑落,需要减员增效,而工贸有限公司的销售部人员富余,于是工贸公司通知姜燕青准备与其终止劳动合同,而姜燕青当即坚决要求工贸公司与其续订合同,并威胁说如果工贸公司执意要求终止合同,他将通知购货单位取消其经手的即将签订的 20 万元的购销合同。工贸有限公司无奈,只好与其续订了为期 3 年的劳动合同。后该工贸有限公司向当地的劳动争议仲裁委员会提出申请,要求劳动争议仲裁委员会认定续订为期 3 年的劳动合同无效。那么,该工贸有限公司的请求能否得到劳动争议仲裁委员会的支持?

【解析】《劳动合同法》第三条第一款规定了订立劳动合同应当遵循的基本原则,即:“订立劳动合同,应当遵循合法、公平、平等自愿、协商一致、诚实信用的原则。”这一法律规定同样适用于劳动者与用人单位续订劳动合同的情况。在劳动者与用人单位续订劳动合同时,双方均应当在平等自愿的基础上,通过友好协商订立劳动合同,任何一方不得以任何理由胁迫对方违背自己的真实意愿与己方订立劳动合同,否则订立的劳动合同将被认定为无效。

我国《劳动合同法》第二十六条第一款规定:“以欺诈、胁迫的手段或者乘人之危,使对方在违背真实意思的情况下订立或者变更劳动合同的。”

《劳动合同法实施条例》第十八条规定:“用人单位以欺诈、胁迫的手段或者乘人之危,使劳动者在违背真实意思的情况下订立或者变更劳动合同的,要依照劳动合同法规定的条件、程序,劳动者可以与用人单位解除固定期限劳动合同、无固定期限劳动合同或者以完成一定工作任务为期限的劳动合同。”

《劳动合同法实施条例》第十九条规定:“劳动者以欺诈、胁迫的手段或者乘人之危,使用人单位在违背真实意思的情况下订立或者变更劳动合同的,依照劳动合同法规定的条件、程序,用人单位可以与劳动者解除固定期限劳动合同、无固定期限劳动合同或者以完成一定工作任务为期限的劳动合同。”

据以上几个规定,我们可以知道该工贸有限公司在劳动合同期满后,因公司内销售部富余人员较多，提出终止与姜燕青的劳动合同的行为是合法的。对此，姜燕青要求工贸公司与其续订劳动合同，否则即通知购货单位取消其经手的即将签订的20万元的购销合同。姜燕青的上述行为显然已经构成了胁迫行为，工贸有限公司在此情况下被迫与其续订的劳动合同应当认定为无效。此外，我们认为，基于公平原则的考虑，工贸公司对姜燕青订立20万元的购销合同应当给予一定的销售提成予以补偿或一定数额的奖金予以奖励。

第四章　劳动合同的解除与终止

由于环境以及劳动合同当事人双方利益着眼点的变化劳动合同确立的权利和义务关系会逐渐失去活力，双方的当事人也不愿意继续执行劳动合同规定的权利与义务关系，这时双方就会对劳动合同进行解除或者终止操作，结束双方的劳动关系。

第一节　劳动合同的解除

一、劳动合同的解除

劳动合同的解除是劳动关系终止的一种方式，我国《劳动合同法》对劳动合同的解除进行了详细规定，不同类型的劳动合同应该按照法律的规定依法进行解除。

劳动合同的解除，是指在劳动合同订立后在双方约定合同日期之前，由于环境或者合同主体出现特定的变化导致劳动合同的当事人双方无法继续履行合同，从而采取的对双方的权利和义务关系依法进行解除的行为。从实际情况来看，劳动合同当事人双方经常会因为权利与义务归属的不明确而产生争议，因此在对该类案件进行认识和分析的时候，我们一定要紧密围绕《劳动合同法》的有关规定，对双方的权利和义务进行清晰的界定。

二、协商解除

通过协商来解除劳动合同可以避免纠纷的形成，因劳动者与用人单位的真实意愿可以通过双方平等、友好的协商得到表达，双方的矛盾可以通过协商得到缓和甚至解除，因此双方协商解除劳动合同可以最大限度的减少劳动纠纷的产生。协商是解除劳动合同的有效手段，并得到了我国法律的承认和保护。我国《劳动法》第二十四条规定："经劳动合同当事人协商一致，劳动合同可以解除。”《劳动合同法》第三十六条规定：“用人单位与劳动者协商一致，可以解除劳动合同。”基于此，《劳动合同法实施条例》做出如下规定：“劳动者和用人单位在双方协商一致的前提下依照劳动合同法规定的条件、程序可以解除与对方之间的固定期限劳动合同、无固定期限劳动合同或者以完成一定工作任务为期限的劳动合同。”

从这些法律中我们可以看出，用人单位和劳动者之间采用协商解除劳动合同这一做法是合法的、受到法律保护。另外，上述法律规定也没有明确说明协商解除劳动合同需要具备什么条件，也不受解除预告期限和限制解除条件的约束，只要劳动者和用人单位经过协商达成一致即可解除劳动合同。

在具体把握双方协商一致解除劳动情形时，我们需要注意以下几个内容。

(1)在协商解除的情况下，劳动者和用人单位均可以对解除双方之间的劳动合同提出请求。劳动者和用人单位对双方之间劳动合同的解除享有平等的请求权，只要双方当事人能就劳动合同的解除达成一致，即可解除双方之间的劳动合同，至于解除劳动合同的原因可以在所不问。

(2)在协商解除的情况下，劳动者和用人单位必须经双方平等自愿、协商一致而达成协议。双方对解除劳动合同的行为必须是出于真实的意思表示，如果合同当事人的一方利用欺诈、胁迫手段诱骗或迫使对方接受协议的，那么劳动合解除将是无效的。

(3)协商协议达成并不意味着劳动合同的解除，劳动者和用人单位还需要根据法律的规定的程序依法对合同进行解除。

三、劳动者单方解除劳动合同

(一)非因用人单位过错解除

非因用人单位过错解除劳动合同是指劳动者在用人单位没有过失的情况下单方想要结束劳动合同。这种劳动合同的解除中，劳动者需事先告知用人单位，在履行完一定的工作责任后双方的劳动权利与义务关系就可以解除。

按照我国法律的规定，劳动者在行使自己的这种解约权时，应该严格按照法律规定的程序和方式进行，具体来说要做到以两点。

(1)遵守解除合同的预告期，一般情况下预告期为30日，试用期为3日。预告期这一规定不是我国独有的劳动法律制度，它在大多数国家的法律中都有规定。《法国劳动法典》规定："不定期的雇佣合同，在受雇者主动提出解除合同时，是否有解除合同的预告期及预告期的长短，以法律或集体劳动协定为依据；在没有这两者规定的场合，是否有此期限及时间长短，以当地或本行业的习惯法为依据。"台湾地区的《劳动契约法》规定："无定期劳动契约当事人之一方，得依下列规定申请解约。以日定报酬者，于其一日前预告之；以星期定报酬者，于其星期末之三日前预告之；以月定报酬者，于其月末之七日前预告之；以季定报酬者，于其期间末之半个月前预告之；以年定报酬者，于其期间末之一个月前预告之。前项预告期间，契约定有较长期间者，从其契约。"

(2)劳动者应以书面形式通知用人单位。这一时间的确定直接关系解除预告期的起算时间，也关系劳动者的工资、社会保险的缴纳等，因此劳动关系的解除对劳动者具有很大的影响。劳动者要提高对这一工作的重视，将自己的意愿整理为辞职报告，递交给上级领导。

各国在劳动合同解除上，大多都会将用人单位与劳动者纳入同一调整范围，规定双方同等的权利义务。如《日本民法典》规定："当事人未定雇佣期限时，各当事人可随时提出解约申告。于此情形，雇佣因解约申告后经过两周而消灭。雇员提出解除合同，劳动法上未作规定，仍按民法调整。"《意大利民法典》规定："对于未确定期限的劳动契约，任何一方都享有在按照行业规则、惯例或公平原则确定的方式和期限履行了通知义务之后解除的权利。"

对于劳动者能否在试用期内随时解除劳动合同，不同的国家对此的规定不同。《意大利民法典》规定，劳动关系中的任何一方均可以在试用期内提出解除合同的合理要求，但如果双方已经约定了最短试用期的，那么期满前劳动者不能行使该权力；《瑞士债法》则规定，在试用期内，劳动者想要单方面解除劳动关系，需要提前 7 天向用人单位提出辞职意向。

（二）因用人单位过错解除劳动合同

因用人单位过错解除劳动合同，是指劳动者在用人单位存在过错的情况下，可单方提出解除劳动合同。通常情况下出现以下几种情况，劳动者可以依法解除合同。

1. 用人单位履行合同的劳动保护条款

劳动保护和劳动条件指的是用人单位为劳动者提供的劳动环境、劳动场所以及采取的保护劳动者人身和健康安全的措施。比如，化工厂有义务为其员工提供防尘面具以及防尘口罩等用品，因为化工厂属于污染比较严重的企业，如果没有口罩、防毒面具等器具的保护劳动者很容易患呼吸系统疾病。生命和健康不受侵害是每个公民享有的最基本的权利，用人单位应该对劳动者的这一基本权利给予尊重，在其为企业劳动和生产的过程中应该给予劳动者必要的保护，如果用人单位没有依法履行这一义务，那么劳动者有权利单方面解除劳动合同，如果劳动者的生命或健康因此受到损害，那么用人单位应该承担责任。

2. 用人单位未及时足额支付劳动报酬

获取劳动报酬是劳动者为用人单位提供自劳动的最主要目的，也是劳动者享有的基本权利。劳动者向用人单位提供自己的劳动，用人单位应该按照劳动者的劳动质量以及老的那个数量及时向劳动者支付报酬，这是劳动关系能够成立的一个基本前提。劳动报酬是劳动合同的必备条款，劳动者按照规定履行了了自己的劳动义务，那么用人单位也应该按照合同的约定及时足额地向劳动者支付报酬，任何不合理克扣、拖欠劳动者工资的行为都是违法的。

3. 用人单位未依法为劳动者缴纳社会保险

我国《宪法》第四十六条规定："中华人民共和国公民在年老、疾病或丧失劳动能力的情况下，有从国家获得物质帮助的权利。国家发展为公民享受这些权利所需要的社会保险、社会救济和医疗卫生事业。"宪法赋予公民的这一基本权利，就劳动者而言，主要是通过社会保险实现，且社会保险具有国家强制性。如用人单位未依法缴纳，则构成对劳动者权利的侵害，劳动者可以解除劳动合同。

4. 用人单位的规章制度不合法

最高人民法院《关于审理劳动争议案件适用法律若干问题的解释》（以下简称《解释》）第十九条规定："用人单位通过民主程序制定的规章制度，不违反国家法律、行政法规及政策规定，并已向劳动者公示的，可以作为人民法院审理劳动争议案件的依据。"《解释》的有关规定明确了内容合法、经过民主程序和公示程序是规章制度生效的要件。

规章制度是企业正常运转的基本保障，它与劳动者的基本权利与义务息息相关，因此企业在制定规章制度的时应该充分考虑员工的权利，并进行广泛的意见调查，与工会达成一致后方可在企业内实行。另外，企业制定各种规定、章程的过程应该公正透明，并接受工会以及全体员工的监督，保证自己制定规章制度的合法性与合理性。

5. 用人单位以非法手段强迫劳动者签订不平等合同

任何合同都是在平等自愿的原则下缔结的，这是合同成立的基本条件。我国公民的人身权由我国的根本大法来保护，我国《宪法》明确规定："任何组织与个人不得以任何手段损害公民的基本人身权"。有些情况下用人单位为了压缩人力资源成本，用人单位会利用自己在签订劳动合同的时的有利地位在合同中加入一些不合理的条款（如不合理的加班、罚款等），有些用人单位甚至采取暴力手段，胁迫劳动者强制签署劳动合同，这种行为是对劳动者人身权的严重侵犯，在这种情况下，劳动者可以随时解除劳动合同。

四、用人单位单方解除劳动合同

用人单位单方行使劳动合同解除权，可以分为因劳动者过错解除的过错性解除、非因劳动者过错解除的非过错性解除和经济性裁员三种情形。

（一）过错性解除

过错性解除，又称即时辞退、即时解雇，指用人单位因劳动者的过错而单方提出解除劳动合同，且不需向劳动者预告。根据我国《劳动合同法》的规定，以下情形允许用人单位过失性解除劳动合同。

1. 劳动者在试用期间被证明不符合录用条件的

关于试用期的确定，我们应该注意以下两个方面。

(1)用人单位规定的试用期要符合法律规定

我国《劳动合同法》规定："劳动合同期限三个月以上不满一年的，试用期不得超过一个月；一年以上不满三年的，试用期不得超过二个月；三年以上和无固定期限的劳动合同，试用期不得超过六个月。"

(2)试用期间的长短应以劳动合同的约定为准

劳动合同的试用期应该严格按照法律规定期限进行，如果劳动合同约定的试用期超出法定最长时间，则以法定最长时间为准，超出的时间为正常合同期限，不应再执行试用期待遇。

关于劳动者是否符合录用条件，除了法律规定的一般条件以外，主要根据企业工作的需求以及招聘时说明的相关学历、经验以及健康状况为准。如果用人单位在试用期内发现劳动者弄虚作假不符合招聘的条件也不能胜任企业公司做，那么用人单位有可以无条件解除劳动合同。

2. 劳动者严重违反用人单位规章制度的

用人单位规章制度，从某种意义上说可以看作企业的“法律”，它是维持企业正常运转的基础，因此严重违反企业制度的行为可能会对企业的正常运作秩序产生影响。这一情形的适用应该满足两个基本条件，即规章制度的内容、程序的合法性以及劳动者违反规章制度行为后果的严重性。一般来说，劳动者违反劳动纪律的行为剧本这两个条件时，用人单位可以根据相关法律的规定单方面解除劳动合同。

3. 劳动者严重失职，营私舞弊，给用人单位造成重大损害的

劳动者按照劳动合同的约定完成工作任务是劳动合同的目的所在。如果劳动者没有按照岗位职责履行自己的义务，违反忠于职守、维护用人单位利益的义务，使用人单位的利益遭受重大损害的，用人单位可与其解除劳动合同。

4. 劳动者同时建立多个劳动关系，并对用人单位产生影响的

有些时候，劳动者为了提高自己的收入会同时与两家或者更多单位同时缔结劳动关系，虽然劳动者利用下班以及节假日的时间去其他单位工作在法律允许的范围内，但是如果这种劳动状态对完成本单位的工作任务造成严重影响。劳动者同时与其他用人单位建立劳动关系严格来说并不是不可以，但是要根据自己的时间和精力合理的从事“兼职”，如果舍本逐末影响到自己的本职工作，那么用人单位就可以行使自己的单方解约权。

(二)非过错性解除

非过错性解除即劳动者没有过错，但由于客观情况发生了变化或者由于劳动者主观原因，致使劳动合同履行困难，甚至无法履行，在合同目的无法实现的情况下，用人单位经过法定程序单方面解除劳动合同。非过错性解除有以下几种情形。

1. 劳动者患病

劳动者患病或者非因工负伤，在规定的医疗期满后不能从事原工作，也不能从事由用人单位另行安排的工作的。劳动者患病或非因工负伤，按其在本单位工作时间的长短，用人单位应当给予其一定时间的医疗期。根据劳动部 1994 年 12 月 1 日颁布的《企业职工患病或非因工负伤医疗期规定》的规定，医疗期为 3～24 个月。对于患某些特殊疾病(如癌症、精神病、瘫痪等)的职工，在 24 个月内尚不能痊愈的，经企业和当地劳动部门批准，可以

适当延长医疗期。

2. 工作能力不足

劳动者不能胜任工作，经过培训或者调整工作岗位，仍不能胜任工作的。劳动者履行合同的方式就是为用人单位提供劳动，创造价值。对用人单位而言，劳动者提供的劳动具有重要意义，是劳动关系的基础，如果劳动者不能提供劳动或提供的劳动不为用人单位所需要，就失去了劳动合同存在的基础。“不能胜任工作”，即劳动者不能按劳动合同约定的标准完成工作任务，或者不能达到同工种、同岗位一般劳动者的质量水平，无法满足用人单位的需求。

如果劳动合同双方当事人对工作能力事前进行了约定，那么就应该按照事先的约定来衡量劳动者的工作能力；如果没有约定或约定不明的，由双方自行协商确定；如果不能协商确定的，可以根据同岗人员的一般工作能力为参照来衡量。用人单位不能故意提高定额标准，使劳动者无法完成劳动者不能胜任的工作，也不能将其他原因造成的业绩下滑归结于劳动者不能胜任工作。初步判定劳动者不能胜任工作后，用人单位还应进一步考察，可以对劳动者进行职业培训或调整工作岗位。如果仍然不能达到要求的，用人单位可以解除劳动合同。

3. 受到法律处罚的劳动者

劳动者被人民法院判处拘役或三年以下有期徒刑并宣告缓刑的，亦属被追究刑事责任的情形，用人单位可以解除劳动合同。《劳动合同法》明文确立情势变更原则，有重大的理论和现实意义。情势变更是指合同有效成立后，因不可归责于当事人的事由发生了事先不可预见的变故，这种变故的出现，使合同的基础发生了重大变化，如继续维持合同的有效性则显失公平，故允许变更合同或解除合同关系，并免除当事人责任的一项法律原则。

第二节　劳动合同的终止

一、劳动合同终止的概念与特征

（一）劳动合同终止的概念

广义的劳动合同的终止是指劳动关系的消除，包括劳动合同的解除和劳动合同的终止,而狭义上的劳动合同终止则只包括劳动合同的终止,不包括劳动合同的解除。这里我们以狭义的劳动合同终止概念为基础对其劳动关系的消除进行研究和分析。

劳动合同的终止是指劳动合同主体依法缔结劳动合同后,在合同生效期间因出现法定情形以及合同规定情形之外的情况而导致的劳动合同无法继续履行,双方权利义务关系终止。劳动合同关系是用人单位与劳动者之间权利与义务关系,当事人双方的权利与义务关系是以法律基础,以劳动合同为存在前提的,劳动合同解除双方最主要的劳动关系消除,劳动关系失去了存在的基础也就随之瓦解,因此劳动合同的解除必然伴随着双方劳动关系的消除。

(二)劳动合同终止的特征

虽然劳动合同的终止与劳动合同的解除都是劳动关系终止的行为,但是无论是在形式上还是在内容上二者都存在着很大的区别主要表现在三个方面:第一,阶段不同,劳动合同终止是劳动关系的正常结束,而解除则是劳动合同关系的提前消灭;第二,消灭的条件不同,劳动合同终止的条件是约定的,而劳动合同的解除的条件是法定的;第三,预见性不同,劳动合同的终止是可预见的,具有现实性,而法律规定的解除只是一种可能性,当事人无法预见。

为更加准确地把握劳动合同终止的特征,我们将二者的区别总结如下。

1. 劳动关系消除的条件差别

劳动合同终止的原因大多数情况都在双方的约定之内,包括合同期限、合作完成的项目、供给数量等,只要这些条件达成就意味着双方的合作结束,合同自行终止。当然除了这些双方当事人约定的合同制止条件外,有一些法律规定的条件也会引起合同的终止,这些条件主要有包括:法定退休年龄、自然灾害等不可抗力、劳动者死亡或被宣告死亡等。

2. 当事人主观上的区别

劳动合同的终止具有很强的预见性,因为在经验的指引下双方会在缔结劳动合同时就对能够引发合同终止的绝大部分情形进行了约定,在合同履行的过程中一旦出现这些情况,那么合同就会按照双方事先的约定自然终止,体现了当事人双方的主观意愿。有一些合同的终止并不是人们事先能够预料到的,比如自然灾害等,这种不因人的意志为转移的客观要素往往也会成为合同终止的重要引发条件,但即使是这样双方合同的终止也是双方共同协商的结果，体现着双方当事人的意愿。而解除合同除双方协议解除外，大多是以当事人单方主观意思表示所为，在法律事实上属于法律行为。

3. 受法律的约束不同

终止双方当事人的劳动关系，终止合同规定的权利与义务关系，应该遵守法律规定将法定终止条件列为合同的终结条款，除此之外法律对合同的终止条件并没有特别的约束，双方可以在平等自愿的原则之上合理的约定劳动合同的终止条件。而对于解除特别是用人单位单方解除合同，法律则规定了较严格的条件，用人单位必须按照法定的条件和程序解除合同。

4. 举证责任不同

不可抗力和法定合同终止条件是合同终止条款中必须具备的两个要素，除此之外当事人双方还应该根据合作的内容和性质以及工作的环境和安全性等因素在双方平等自愿的基础上自由约定，经双方约定形成的合同终止条款受到法律的保护。而解除合同中的单方解除，由于不是当事人的双方合意，一方解除的意愿和行为会导致另一方的利益受损，劳动关系的不平等使得受损害一方往往是劳动者，因此，在对劳动者倾斜保护制度的构建中，要合理安排举证责任，保证劳动者的利益。

5. 法律后果不同

劳动合同的终止是基于双方当事人的自愿约定、不可抗力和法律规定，无论在哪一种规定中都不是某一方违约引起的，没有主观过错，恰恰相反合同的终止反而是根据双方事先约定的节约条款生效的，因此在合同的终止中任何一方都不会因此而受到法律的惩罚。正是因为这一点，我国以及其他一些国家原来都规定，劳动合同终止是双方合同条款的特殊执行，当事人双方不存在主观过错时，不用支付赔偿金。

解除劳动合同与终止劳动合同有很大的区别，最主要的体现在无论是双方协商一致解除还是单方解约，均出于当事人的意思表示，且归根结底都是由于其中一方的主观过失引起的，双方在劳动合同的解除时应该由责任方承担劳动合同解除的责任，支付赔偿金。然而由于劳动者处在劳动关系中的弱势位置，因此《劳动合同法》为了保护劳动者的合法权益，对劳动合同的终止与解除都做了同样的规定，即无论合同的解除还是终止劳动单位都要向劳动者支付补偿金。

二、劳动合同终止的情形

劳动法对劳动合同终止的情形进行了相应的规定，如《劳动法》第二十三条规定："劳动合同期满或者当事人约定的劳动合同终止条件出现，劳动合同即行终止。"据此，《劳动合同法》第四十四做出如下规定："有下列情形之一的，劳动合同终止：劳动合同期满的；劳动者开始依法享受基本养老保险待遇的；劳动者死亡，或者被人民法院宣告死亡或者宣告失踪的；用人单位被依法宣告破产的；用人单位被吊销营业执照、责令关闭、撤销或者用人单位决定提前解散的；法律、行政法规规定的其他情形。"在此基础之上《劳动合同法实施条例》又对其进行了补充，对劳动者达到法定退休年龄而导致劳动合同终止的情形进行了规定，完善了我国的合同终止法律体系。

（一）劳动合同期满

任何合同都有一定的执行期限，这个期限是劳动合同的缔结当事人双方在平等自愿的原则上自由协商制定的，约定期限的劳动合同在合同约定的期限完成后自动终止，双方的劳动关系自然消除。根据劳动合同法的规定，劳动合同可以分为固定期限劳动合同、无固定期限劳动合同以及以完成一定工作任务为期限的劳动合同三种。

(1)在固定期限劳动合同下，劳动合同期满，双方的合同自动终止，权利和义务关系也随之终止。

(2)在无固定期限劳动合同下，如果劳动者与用人单位没有约定劳动合同的执行年限，那么说明劳动合同到期的时间不能确定，是某个条件的发生而触发的。

(3)在以一定工作任务为期限的劳动合同下，劳动者完成工作任务的时间为劳动合同终止的时间。

（二）劳动者开始依法享受基本养老保险待遇

养老保险是我国社会保障制度重要组成部分，它的主要作用是保障退休劳动者的生活需求，为劳动者的老年生活提供保障。退休后，劳动者不再工作从某种意义上说退休人员已经失去了自我保障的能力，因为他们已经失去了劳动收入，养老保险可以为退休人员的生活提供基本保障。劳动法和劳动合同法均规定已经依法享受基本养老保险待遇的劳动者不再具备劳动者的主体资格，换个说法就是劳动者开始依法享受基本养老保险待遇，劳动合同也应该终止。

根据我国相关劳动法律法规的规定，企业职工享受基本养老保险待遇需要具备三个方面条件。

(1)达到国家法定退休年龄。

(2)所在单位和职工个人依法参加了养老保险并履行养老保险缴费义务。

(3)个人缴费年限或视同缴费年限至少在15年以上。

劳动者必须同时满足上述三个方面的条件，方可享受基本养老保险待遇。如果用人单位没有依法为劳动者及时足额缴纳养老保险费的，将必然导致劳动者在达到法定退休年龄后仍不能享受基本养老保险待遇，从而其基本生活的需要不能得到保障。对此，劳动合同法特意将“劳动者开始依法享受基本养老保险待遇”作为劳动合同终止的条件，而不是将“达到法定退休年龄或退职条件”作为劳动合同终止的条件，旨在对劳动者提供特别的保护，其立法用意很明显，即如果用人单位不为劳动者缴纳养老保险费，劳动者达到退休年龄时就不能再依法享受基本养老保险待遇，劳动合同也不能终止，与用人单位之间的劳动关系也不能解除。除此外，需要注意的是，如果劳动者在依法享受基本养老保险待遇后，仍然留在原单位工作的或又被其他单位聘用的，那么应当按照劳动部《关于实行劳动合同制度若干问题的通知》第十三条规定进行处理：“已享受养老保险待遇的离退休人员被再次聘用时，用人单位应与其签订书面协议，明确聘用期内的工作内容、报酬、医疗、劳保待遇等权利和义务。”

（三）劳动者死亡，或者被人民法院宣告死亡或者宣告失踪

在劳动合同履行的过程中，劳动者和用人单位缺一不可，因为他们是劳动合同履行的两个基本主体：劳动者通过自己的劳动为用人单位创造价值，用人单位根据劳动者的工作数量和工作质量向劳动者支付报酬，这是一个循环往复的过程，任何一个主体的缺失或者消亡都会使这个循环遭到破坏。

在劳动者自然死亡的情况下，由于其不能继续履行合同的劳动义务，无法向用人单位提供劳动，因此其主体资格消亡。

在劳动者被人民法院宣告死亡的情况下，虽然劳动者还存在生还的可能性，但是由于他无法向用人单位提供劳动，其劳动合同的主体地位也会消灭。

在劳动者被用人单位宣告失踪的情况下，虽然劳动者的主体资格仍然存在，但是劳动者只具备向用人单位提供可能性，其现实的实现性并不具备，因此其劳动主体地位也很难得到确认。

在上述三种情况下，虽然产生的法律后果不尽相同，但由于劳动者都不

能履行自己在劳动合同中的义务，导致劳动主体的缺乏，从而是劳动合同失去执行的条件而终结。

（四）用人单位被依法宣告破产

有些企业由于市场经营环境的变化或者经营管理的不善而导致企业破产。根据《中华人民共和国企业破产法》的定义，破产是指当债务人的全部资产不足以清偿其到期债务时，经过债权人或债务人的申请，通过一定的程序将债务人的全部资产进行清偿以实现债权人的债权，同时免除债务人不能清偿的其他债务，从而消灭债务人主体资格的一种法律制度。企业破产后由于资产不能抵偿其负债，因此也就不具备继续支付员工劳动报酬的能力，在这种情况下劳动者与用人单位签订的劳动合同会因为企业失去清偿工资的能力而失去主体资格，劳动合同也随之自然终止，双方的权利与义务关系也就自行终止。

（五）用人单位被吊销营业执照、责令关闭、撤销或者用人单位决定提前解散

这种情况与企业破产不同，企业因为违规操作或者违法经营而导致工商管理部门依法对其实施强制整改、停业或关闭。用人单位被吊销营业执照意味着企业就不再是独立的法人了，因此它也就不能继续作为劳动合同的主体之一而存在，用人单位与劳动者的合同就会自然终止。撤销不同于企业的整改、停业或者强制关闭，撤销的企业都是不是依法成立的，有些甚至根本没有取得法人资格，根本就不具有与其他企业或者劳动者签订合同的权力，对于这部分企业我国行政管理部门会勒令关闭，并强制取缔。如果用人单位应为某种原因被吊销营业执照、责令关闭或撤销的情况下，说明用人单位在生产和经营过程中存在违法行为，行政处罚使其失去了企业法人的资格，同时失去了作为劳动合同主体的资格，劳动合同应当终止。

（六）劳动者达到法定退休年龄的

法定退休年龄即国家法律规定的劳动者正常退休年龄，对此，我国劳动法和劳动合同法没有进行规定。关于法定退休年龄问题，散见于不同的劳动行政法规规章中，一般来说，在我国法定退休年龄一般为男年满60周岁、女工人年满50周岁、女干部年满55周岁。根据《劳动合同法实施条例》第二十一条的规定，劳动者达到法定退休年龄的，劳动合同终止，即在劳动者达到法定退休年龄的情况下，即使劳动者与用人单位之间劳动合同没有到期，也视为已经自动到期，双方之间的劳动合同自行终止。

(七)法律、行政法规规定的其他情形

法无巨细,任何法律都不能对所有可能发生的行为和现象进行预测和说明,而只能最大限度得保证其适用性,因此《劳动合同法》虽然对我国的劳动合同签订进行了详细的规定,更是对一些兜底性条款进行了明确的说明。但是仍然不能保证其对劳动合同终止情形的规定能够囊括所有的情形,因此一般来说《劳动合同法》有权对劳动合同终止的情形进行补充规定的,当然这种补充和规定的主体仅限于劳动合同法,行政规定则不具有该效力。

三、劳动合同终止的法律程序

(一)劳动合同终止的法定情形

劳动合同订立后,双方当事人不得随意终止劳动合同,只有在劳动法律、法规允许的情况下,当事人才可以终止劳动合同。

按照我国《劳动合同法》的规定,有下列情形之一的,劳动合同终止:

(1)劳动合同期满;

(2)劳动者开始依法享受基本养老保险待遇的;

(3)劳动者死亡,或者被人民法院宣告死亡或者宣告失踪的;

(4)用人单位被依法宣告破产的;

(5)用人单位被吊销营业执照、责令关闭、撤销或者用人单位决定提前解散的;

(6)法律、行政法规规定的其他情形。

被人民法院宣告死亡、宣告失踪的劳动者重新出现,劳动合同期限未满的,应当继续履行;因情况变化确实无法履行的,劳动合同解除。

以上第(1)、(2)种情形属于劳动合同终止条件的一般性规定,即劳动合同期满和劳动者开始依法享受基本养老保险待遇,属于劳动合同的自然终止,而第(3)、(4)、(5)种情形则属于劳动合同的非自然终止,第(6)种情形属于立法中常常采用的兜底条款,目的是以防列举遗漏的情况。劳动合同终止,由劳动合同确定的权利义务关系也告终止。

(二)劳动合同终止的限制情形

用人单位在与劳动者签订劳动合同时,劳动者有下列情形之一的,劳动合同应当延续至相应的情形消失时才能终止。

(1)从事接触职业病危害作业的劳动者未进行离岗前职业健康检查,或者疑似职业病病人在诊断或者医学观察期间的。

(2)在本单位患职业病或者因工负伤并被确认丧失或者部分丧失劳动能力的。

(3)患病或者非因工负伤，在规定的医疗期内的。

(4)女职工在孕期、产期、哺乳期的。

(5)在本单位连续工作满十五年，且距法定退休年龄不足五年的。

(6)法律、行政法规规定的其他情形。

以上六种情形可以理解为劳动合同终止的限制情形，在法律效力上属于特殊规定，在劳动合同终止条件中不能将这些特殊规定约定进去。同时，即使上述特殊规定的内容没有约定为劳动合同终止条件，但如果这些条件出现时，也要考虑到是否满足特殊规定，即当劳动合同终止条件出现时，如果劳动者在医疗期或者女职工在孕期、产期、哺乳期的，不得终止劳动合同，只有当医疗期、孕期、产期、哺乳期届满，才能终止劳动合同。但是，以上第(2)种情形“在本单位患职业病或者因工负伤并被确认丧失或者部分丧失劳动能力的”劳动者的劳动合同的终止，应按照国家有关工伤保险的规定执行。

第三节　劳动合同解除与终止的法律后果

一、用人单位向劳动者支付经济补偿金

用人单位在劳动合同解除或终止之后所承担的主要法律后果就是向劳动者支付一定的赔偿金，下面我们将对用人单位应向承担的法律后果及其条件进行详细的说明。

(一)经济补偿金的概念

简单的说经济补偿金就是劳动合同解除或终止后，用人单位根据劳动合同或者相关法律的规定给予劳动者的补偿资金。在经济补偿金经常发生在用人单位单方解除劳动合同的情形中，补偿金通常为一次性之支付，凡是符合补偿条件的劳动者用人单位不得以任何形式拒付赔补偿金。此处的经济补偿金，是《劳动合同法》基于保护劳动者利益的原则设立的，其实质是用人单位单方解除终止劳动合同给劳动者造成损失的一种补偿，它也是用人单位在解除或终止劳动合同后必须履行的一项义务。

在某些情况相爱，用人单位之所以解除或终止劳动合同是因为劳动者个人的过失，这时本着权利与义务对等的基本原则，用人单位一般不需要向劳动者支付补偿金。

(二)劳动合同解除或终止时经济补偿金的适用情形

《劳动法》第二十八条对经济补偿金的适用范围进行了相应的规定："用人单位依据本法第二十四条、第二十六条、第二十七条的规定解除劳动合同的，应当依照国家有关规定给予经济补偿。"《劳动法》第二十四条、第二十六条和第二十七条分别规定的是协商解除、用人单位预告通知解除和经济性裁员，由此可见，《劳动法》将经济补偿金的适用范围仅仅限定为上述三种情形，显然不能涵盖所有情形。针对《劳动法》的这一不足，最高人民法院出台了《关于审理劳动争议案件适用法律若干问题的解释》(法释[2001]14 号，以下简称《解释》)对劳动法的内容进行补充和完善。进行补充规定，

《解释》第十五条规定："用人单位有下列情形之一，迫使劳动者提出解除劳动合同的，用人单位应当支付劳动者劳动报酬和经济补偿，并可支付赔偿金：①以暴力、威胁或者非法限制人身自由的手段强迫劳动的；②未按照劳动合同约定支付劳动报酬或者提供劳动条件的；③克扣或者无故拖欠劳动者工资的；④拒不支付劳动者延长工作时间工资报酬的；⑤低于当地最低工资标准支付劳动者工资的。"

《劳动合同法》是我国劳动合同领域最全面、最权威法律，它在吸收各个法律和条例的基础上，对经济补偿金的适用情形进行了专门规定，主要有以下几种。

1.《劳动合同法》第三十八条规定解除劳动合同的情形

《劳动合同法》第三十八条第一款规定的是劳动者随时通知解除劳动合同的情形，主要有 6 种：

(1)未按照劳动合同约定提供劳动保护或者劳动条件的；

(2)未及时足额支付劳动报酬的；

(3)未依法为劳动者缴纳社会保险费的；

(4)用人单位的规章制度违反法律、法规的规定，损害劳动者权益的；

(5)因本法第二十六条第一款规定的情形致使劳动合同无效的；

(6)法律、行政法规规定劳动者可以解除劳动合同的其他情形。

2.《劳动合同法》第三十六条规定解除劳动合同的情形

《劳动合同法》第三十六条对协商解除劳动合同的细节和规程做出了要

求，该条款明确规定“如用人单位与劳动者协商一致，可以解除劳动合同”。据此这一规定，如果劳动者与用人单位在自由平等的基础上经过协商达成一致，便可以解除合同；如果双方当事人没有达成一致，或者达成的协议不是双方真实意愿的表达，那么劳动合同不能解除。要注意的是，我们这里所说的协商包括两个要点，一是双方自由平等，二是协商是但是人双方真实意愿的表达，任何一个条件得不到满足，双方的劳动合同就不能解除。

一般来说，如果用人单位率先提议解除劳动合同，经过双法的平等协商达成一致，那么用人单位需要对劳动者进行经济补偿；如果劳动者主动提出解除或终止双方的劳动合同，那么经双方协商达成一致，用人单位不一定需要向劳动者支付经济补偿。

3.《劳动合同法》第四十条规定解除劳动合同的情形

《劳动合同法》第四十条规定的是用人单位预告通知解除或以代通知解除劳动合同的内容，其包括情形有以下几种。

(1)劳动者患病或者非因工负伤，在规定的医疗期满后不能从事原工作，也不能从事由用人单位另行安排的工作的。

(2)劳动者不能胜任工作，经过培训或者调整工作岗位，仍不能胜任工作的。

(3)劳动合同订立时所依据的客观情况发生重大变化，致使劳动合同无法履行，经用人单位与劳动者协商，未能就变更劳动合同内容达成协议的。

在上述情况下，劳动者虽然是因为工作原因遭到用人单位的解雇，但并不是劳动者的主观意愿造成的，而是由于种种客观原因导致的，在这种情形下企业在解除或终止劳动合同后，应该按照《劳动合同法》以及相关的管理条例向劳动者支付补偿金。

4.《劳动合同法》第四十一条第一款规定解除劳动合同的情形

《劳动合同法》第四十一条第一款规定的是因用人单位的经济性裁员而解除劳动合同的内容，其包括的情形有以下几种。

(1)依照企业破产法规定进行重整的。

(2)生产经营发生严重困难的。

(3)企业转产、重大技术革新或者经营方式调整，经变更劳动合同后，仍需裁减人员的。

(4)其他因劳动合同订立时所依据的客观经济情况发生重大变化，致使劳动合同无法履行的。

在此情况下，是因用人单位在生产经营过程中发生严重困难，需要进行经济性裁员措施以恢复用人单位的经营状况，同时这种经济性裁员是非因劳动者方面的原因导致的，为了贯彻执行劳动法倾斜保护劳动者利益的目的，法律因此规定用人单位须向劳动者支付经济补偿金。

5.《劳动合同法》第四十一条第一款规定终止固定期限劳动合同的情形

《劳动法》第二十三条规定了劳动合同终止问题："劳动合同期满或者当事人约定的劳动合同终止条件出现，劳动合同即行终止。"该条款只规定了劳动合同期满合同的终止情形，对该情形下用人单位是否需要支付经济补偿没有规定，关于劳动合同期满终止的经济补偿问题并没有得到解决。此后，劳动部发布的《关于贯彻执行(中华人民共和国劳动法)若干问题的意见》(劳部发[1995]309号，以下简称《意见》)的第三十八条对劳动合同终止时用人单位是否需要支付经济补偿金进行了补充规定。《意见》规定："劳动合同期满或者当事人约定的劳动合同终止条件出现，劳动合同即行终止，用人单位可以不支付劳动者经济补偿金。国家另行规定的，可以从其规定。"据这一条款，我们可以知道用人单位在劳动合同终止时，一般不需要向劳动者支付经济补偿金，但是该条款并没有对所有劳动合同期满终止的情形做出规定，因此如果国家相关劳动法律法规规定劳动合同终止时用人单位需要向劳动者支付经济补偿金的，那么应该遵从其规定，向劳动者支付一定金额的经济补偿。在劳动合同解除实践中，在双方劳动合同期满终止时，虽然用人单位没有对劳动者进行经济补偿的责任，但是出于情理上的考虑，都会给予劳动者一笔的生活补助费用。

随着我国法律体系的不断完善，劳动合同法对终止劳动合同是否要支付经济补偿的问题做出了新的规定，即在固定期限劳动合同解除或者终止后用人单位应该根据具体的解约情形对是否向劳动者支付补偿金进行确定。《劳动合同法》的这一规定主要适用于两种情形。

(1)劳动者与用人单位之间签订的固定期限劳动合同，而对于无固定期限劳动合同和以完成一定工作任务为内容的劳动合同则不适用。也就是说，如果劳动者与用人单位签订的是无固定期限的劳动合同或者以完成一定工作任务为内同的劳动合同终止时用人单位不承担向劳动者支付赔偿金的责任。

(2)在劳动者与用人单位签订的固定劳动合同期限届满时，如果用人单位维持或者提高劳动合同约定条件续订劳动合同的，而劳动者自己不同意续订的，那么用人单位也不需要向劳动者支付经济补偿金。

6.《劳动合同法》第四十四条第四款、第五款规定终止劳动合同的情形

《劳动合同法》第四十四条第四款、第五款分别规定的是用人单位被依法宣告破产和用人单位被吊销营业执照、责令关闭、撤销或者用人单位决定提前解散的情形，在上述情况下，用人单位因主体资格丧失而终止劳动合同，对此用人单位需要向劳动者支付经济补偿金。

7. 以完成一定工作任务为期限的劳动合同因任务完成而终止的情形

在以完成一定工作任务为期限的劳动合同因任务完成而终止的情况下，用人单位是否要向劳动者支付经济补偿金？对此，《劳动合同法》没有明确规定。虽然《劳动合同法》第四十六条第五项规定劳动合同期满时用人单位在一定情况下需要向劳动者支付经济补偿金，但是该规定仅仅适用于用人单位和劳动者之间订立的固定期限劳动合同。为此，《劳动合同法实施条例》第二十二条对以完成一定工作任务为期限的劳动合同因任务完成而终止的情况下用人单位是否要向劳动者支付经济补偿金的问题进行了补充性规定，即"以完成一定工作任务为期限的劳动合同因任务完成而终止的，用人单位应当依照《劳动合同法》第四十七条的规定向劳动者支付经济补偿"。基于此，在以完成一定工作任务为期限的劳动合同因任务完成而终止的情况下，用人单位负有向劳动者支付经济补偿金的义务。

8. 法律、行政法规规定的其他解除或终止劳动合同的情形

此为兜底性条款，有权对用人单位支付经济补偿金的适用范围进行补充规定的，仅限于法律和行政法规，而作为地方性法规或地方政府规章等不具有上述立法权限。

根据《劳动合同法》第四十二条的规定，在劳动者因工伤而丧失或部分丧失劳动能力的情况下，用人单位是不得单方面解除与劳动者之间的劳动合同的。但是，在劳动合同期限届满时，用人单位仍然可以依法终止与负工伤的劳动者之间的劳动合同的。对此，如何维护负工伤劳动者的合法权益呢？《劳动合同法实施条例》第二十三条进行了补充性规定，即用人单位依法终止工伤职工的劳动合同的，除依照《劳动合同法》第四十七条的规定支付经济补偿外，还应当依照国家有关工伤保险的规定支付一次性工伤医疗补助金和伤残就业补助金。

（三）经济补偿金的计算

《劳动合同法》第四十七条对经济补偿金的计算问题进行了规定，即经

济补偿金总额等于劳动者的工作年限乘以劳动者的工资基数。具体而言，经济补偿按劳动者在本单位工作的年限，每满一年支付一个月工资的标准向劳动者支付。6个月以上不满一年的，按一年计算；不满6个月的，向劳动者支付半个月工资的经济补偿。如果劳动者属于高收入者，其月工资高于用人单位所在直辖市、设区的市级人民政府公布的本地区上年度职工月平均工资3倍的，那么按照《劳动合同法》第四十七条第二款的规定，用人单位向劳动者支付经济补偿的标准按职工月平均工资3倍的数额支付，但是向该高收入劳动者支付经济补偿的年限最高不超过12年。

此处的月工资如何计算呢？根据《劳动合同法实施条例》第二十七条的规定，《劳动合同法》第四十七条规定的经济补偿的月工资按照劳动者应得工资计算，包括计时工资或者计件工资以及奖金、津贴和补贴等货币性收入。劳动者在劳动合同解除或者终止前12个月的平均工资低于当地最低工资标准的，按照当地最低工资标准计算。劳动者工作不满12个月的，按照实际工作的月数计算平均工资。

《劳动合同法》第九十七条第三款的规定："本法施行之日存续的劳动合同在本法施行后解除或者终止，依照本法第四十六条规定应当支付经济补偿的，经济补偿年限自本法施行之日起计算；本法施行前按照当时有关规定，用人单位应当向劳动者支付经济补偿的，按照当时有关规定执行。"据此，我们结合《劳动合同法》第四十六条之规定可以得出以下三个主要结论。

(1)劳动者与用人单位在《劳动合同法》施行之日(2008年1月1日)前订立的劳动合同，在《劳动合同法》施行之日仍然存续且在《劳动合同法》施行后解除或者终止的，如果按照劳动合同订立时的规定用人单位是不需要支付经济补偿金的，但是依照本法第四十六条的规定用人单位应当支付经济补偿金的，那么，在此情况下，用人单位应当依照《劳动合同法》的新规定向劳动者支付经济补偿金。这也是《劳动合同法》贯彻执行倾斜保护劳动者利益目的的体现，但是同时为了兼顾用人单位的合法利益，在具体计算的年限上做出了限制，即用人单位虽然需要向劳动者支付经济补偿金，但计算经济补偿金的年限不是以劳动者在用人单位实际工作的年限计算，而是以《劳动合同法》施行之日后劳动者在用人单位工作的年限计算。

(2)劳动者与用人单位在《劳动合同法》施行之日前订立的劳动合同，在《劳动合同法》施行之日仍然存续且在《劳动合同法》施行后解除或者终止的，如果按照劳动合同订立时的规定用人单位需要向劳动者支付经济补偿金的，那么用人单位应当按照原先的规定向劳动者支付经济补偿金，在经济赔偿金的具体计算上也应当按照原先的规定执行。换言之，即不论《劳动合同法》是否对该种情形规定了用人单位需要向劳动者支付经济补偿金的，都采用从旧原则，按照原先的规定执行，不适用《劳动合同法》的规定。

(3)劳动者与用人单位在《劳动合同法》施行之日后订立的劳动合同，一律按照《劳动合同法》的规定执行。

二、劳动者应当承担的主要责任和义务

自双方的合同解除或者终止，并不意味着劳动者应该承担的责任完全消失，如果劳动者因未承担自己的责任而导致用人单位发生损害的，劳动者应承担相应的法律后果。这里我们通过劳动者应该履行的责任与义务来具体看一下劳动者在合同终止或者解除应当承担的法律后果。

(一)办理工作交接

根据我国《劳动合同法》第 50 条的相关规定，在劳动合同解除或终止以后，劳动者应当按照双方约定，处理好自己的工作，配合用人单位完成正常的工作和人员交接工作，保证企业各项工作的正常开展。劳动合同解除和终止后双方权利和义务责任已经消失，但是这并不意味着劳动者可以自由行事、完全按照自己的意愿行事，基于劳动者忠实义务的考虑，其应该按照企业的要求结束自己正在进行的工作和实务，对短期内难以处理妥善的工作应该做好工作交接，与此同时，劳动者可以办理离职手续等善后事宜。如果劳动者未履行自己的义务就直接离开工作岗位，对用人单位的工作造成影响的损失将由其承担。

(二)保守商业秘密

根据我国《劳动合同法》第 24 条的有关规定，对于掌握用人单位商业秘密、核心技术的高层管理人员或者核心技术人员来说，在离开用人单位后不得将用人单位的秘密以及核心专利技术外泄，这些人在劳动合同终止或者解除后仍然负有保守企业商业秘密的义务。根据相关法律的规定，凡是掌握有企业核心技术和商业机密的劳动者从企业离职后，在一定期限内(不超过 2 年)不能从事与原用人单位有竞争关系的其他企业任职，也不能从事与原来用人单位相同的业务的管理或者经营活动。如果没有履行自己的这一义务，应根据泄密情节的轻重以及对企业损失的大小来确定且应当承担的法律后果：如情节轻微、损失较小，劳动者应承担赔偿责任；如情节较重，对用人单位造成重大损失，社会影响恶劣的，应承担刑事责任。

(三)支付违约金和赔偿损失

对由于个人过时遭到解约,并为用人单位造成重大损失的劳动者应该按照相关法律和劳动合同管理条例的规定向用人单位支付赔偿金。我国《劳动合同法实施条例》第 26 条第 2 款规定,有下列情形之一的,用人单位在解除或终止劳动合同后可以向劳动者提出赔偿。

(1)劳动者严重违反用人单位的规章制度,对企业秩序造成严重干扰的。

(2)劳动者严重失职,营私舞弊,给用人单位造成重大损害的。

(3)劳动者同时与其他用人单位建立劳动关系,对完成本单位的工作任务造成严重影响,经用人单位提出,拒不改正的。

(4)劳动者以欺诈、胁迫的手段或者乘人之危,在违背劳动者真实意思的情况下订立或者变更劳动合同的。

(5)劳动者被追究刑事责任的。

在司法实践中,大量存在职工培训费的赔偿问题,因此,我国《劳动合同法》第 22 条规定:"用人单位为劳动者提供专项培训费用,对其进行专业技术培训的,可以与该劳动者订立协议,约定服务期。劳动者违反服务期约定的,应当按照约定向用人单位支付违约金。违约金的数额不得超过用人单位提供的培训费用。用人单位要求劳动者支付的违约金不得超过服务期尚未履行部分所应分摊的培训费用。"

我国《劳动合同法》第 23 条规定:"用人单位与劳动者可以在劳动合同中约定保守用人单位的商业秘密和与知识产权相关的保密事项。对负有保密义务的劳动者,用人单位可以在劳动合同或者保密协议中与劳动者约定竞业限制条款,并约定在解除或者终止劳动合同后,在竞业限制期限内按月给予劳动者经济补偿。劳动者违反竞业限制约定的,应当按照约定向用人单位支付违约金。"

【案例与解析】

案例一:员工在试用期内解除劳动合同解除劳动合同是否需要征求用人单位的同意?

【案情】2012 年 1 月 9 日,邹静到当地一家大型超市应聘从事销售工作,双方签订为期一年的劳动合同。双方约定,试用期为一个月,每月工资 1 000 元,试用期内每月工资 800 元。合同签订后第二天,超市就让其上岗工作。由于临近春节,超市的销售行情非常好,加班加点更是家常便饭。对此，邹静向公司提出，自己有小孩，加上丈夫在外地工作，公司的这种工作强度自己承受不了，希望公司能够减少安排自己加班，但均被公司拒绝。邹静决定辞去超市的工作，于是1月31日向超市的人事部经理递交了辞呈。超市经理没有接受辞呈，并告知邹静："劳动合同是我们双方经过平等协商订立的，双方需要严格按照合同约定的内容履行各自的义务。你要单方面解除劳动合同，需要经过我们的同意。我们安排你加班，月末是会向你支付加班费的。我希望你回去再考虑考虑。"对此，邹静十分不解。假如你是律师，邹静向你咨询，你如何解答？

【解析】《劳动合同法》第三十七条规定："劳动者提前三十日以书面形式通知用人单位，可以解除劳动合同。劳动者在试用期内提前三日通知用人单位。可以解除劳动合同。"《劳动合同法》第三十八条规定用人单住有下列情形之一的，劳动者可以解除劳动合同。

(1)未按照劳动合同约定提供劳动保护或者劳动条件的。

(2)未及时足额支付劳动报酬的。

(3)未依法为劳动者缴纳社会保险费的。

(4)用人单位的规章制度违反法律、法规的规定，损害劳动者权益的。

(5)因本法第二十六条第一款规定的情形致使劳动合同无效的。

(6)法律、行政法规规定劳动者可以解除劳动合同的其他情形。

在上述情况下，劳动者均可以单方面解除劳动合同，不过需要注意的是，劳动者单方面解除劳动合同也受到一定的限制，如劳动者在试用期内解除劳动合同的，需要提前3日通知用人单位，而不再适用《劳动法》中在试用期内劳动者可以随时解除劳动合同的规定。需要注意的是，在劳动者单方解除劳动合同的情况下，无须征求用人单位的同意。因此，本案中邹静在提出解除劳动合同之后，只需要经过3日即可解除与超市之间的劳动合同，不必要经过超市的同意。超市的说法于法无据。此外，由于邹静在该超市工作20天，超市负有向其支付相应劳动报酬的义务。

案例二：劳动者没有完成销售指标，用人单位能否解除劳动合同？

【案情】2011年年底，宏达商厦招聘服装部销售总监，其录用条件是：年龄45周岁以下，大学营销专业毕业，具有5年以上的服装业营销从业经验。喻可为先生前去应聘，经过层层选拔，最后脱颖而出。2011年1月1日，喻可为与宏达商厦签订为期3年的劳动合同，试用期为6个月，工资方式为基本工资加销售提成。3个月后，宏达商厦单方面向喻可为出具书面的解除劳动合同通知书。喻可为前去询问缘故，宏达商厦答复：每年的1～3月份是服装销售的旺季，而你在该季度的营销方案极不成功，没有完成商厦的季度最低营销指标，商厦据此足以认定你不符合我们的录用条件，从而有权在试用期内单方面解除劳动合同。对此，喻可为认为自己刚来商厦不久，对商厦也需要了解和适应过程，在第一季度销售业绩一般，也理所当然，故而不同意商厦的观点，要求商厦继续履行劳动合同。遭到商厦的拒绝。双方之间发生纠纷，请问本案该如何处理？

【解析】根据《劳动合同法》第三十九条的规定："在试用期间被证明不符合录用条件的，用人单位可以解除劳动合同。"据此，劳动者在试用期内被用人单位证明不符合录用条件的，用人单位有权单方面解除劳动合同。本案中，宏达商厦的录用条件非常明确：即年龄45周岁以下，大学营销专业毕业，具有5年以上的服装业营销从业经验。基于此，宏达商厦的录用条件中并不包括季度最低营销指标一项。由此可见，宏达商厦混淆了录用条件与不能胜任工作岗位。喻可为在第一季度的销售业绩没有达到商厦的要求，最多只能认定为不能胜任工作岗位，而不是不符合录用条件。综上，喻可为是完全符合宏达商厦的录用条件的，因此宏达商厦不得以不符合录用条件为由单方面解除劳动合同。

案例三：用人单位是否能这样进行经济性裁员？

【案情】环亚热电厂系国有企业，现有职工100多人。审计部门对其财务状况进行审计，发现该热电厂已经连年亏损，而且对外负债严重。2011年4月1日，国有资产监督管理部门更换了热电厂的厂长。为了能实现在两年之内扭亏为盈，新厂长决定对热电厂实施体制和裁员分流改革。在新厂长的支持下，召开了一系列工作会议，并征求了工会的意见。4月20日，热电厂出台文件宣布决定裁员20人，其中包括苏凤珍、潘伟男、葛云飞等，并自即日起生效。此时，苏凤珍小孩在哺乳期内；潘伟男因为热电厂效益不好，不能按时发放工资，于是自己偷偷地在外面干起小买卖，不巧的是，此时因车祸在家休养；葛云飞则是因为年龄已大，已经在厂里工作了18年，还有3年就要退休。苏凤珍、潘伟男、葛云飞等20人，对热电厂的决定不服，要求厂里给出说法。热电厂答复说，厂里经济效益不好，别无他法，只能减员增效，希望他们顾全大局。苏凤珍等三人对此不能接受，要求热电厂恢复劳动关系，遭到热电厂的拒绝。双方之间的争议越来越大。请问：本案中热电厂进行裁员是否存在问题？为什么？

【解析】1."热电厂符合经济性裁员的条件。根据《劳动合同法》第四十一条第一款的规定：有下列情形之一，可以进行经济性裁员。

(1)依照企业破产法规定进行重整的。

(2)生产经营发生严重困难的。

(3)企业转产、重大技术革新或者经营方式调整，经变更劳动合同后，仍需裁减人员的。

(4)其他因劳动合同订立时所依据的客观经济情况发生重大变化，致使劳动合同无法履行的。

本案中热电厂符合经济性裁员的第二种情形，而且裁员的人数和比例均达到申请经济性裁员的条件，可以申请进行经济性裁员。

2. 热电厂进行经济性裁员的程序违法。根据《劳动合同法》第四十一条第一款的规定用人单位进行经济性裁员必须按照法定的程序进行。

(1)提前30日向工会或者全体职工说明情况，听取工会或者职工的意见。

(2)裁减人员方案向劳动行政部门报告。

本案中热电厂从更换厂长到经济性裁员方案公布不过才20天，也没有向劳动行政部门报告，显然在程序方面违法，应当认定热电厂裁减员工的行为无效。

3. 热电厂裁减的对象不符合法律规定。根据《劳动合同法》第四十二条的规定："劳动者有下列情形之一的，用人单位不得依照本法第四十条、第四十一条的规定解除劳动合同。

(1)从事接触职业病危害作业的劳动者未进行离岗前职业健康检查，或者疑似职业病人在诊断或者医学观察期间的。

(2)在本单位患职业病或者因工负伤并被确认丧失或者部分丧失劳动能力的。

(3)患病或者非因工负伤，在规定的医疗期内的。

(4)女职工在孕期、产期、哺乳期的。

(5)在本单位连续工作满十五年，且距法定退休年龄不足五年的。

(6)法律、行政法规规定的其他情形。"

本案中，苏凤珍属于第四十二条第四项规定的情形，潘伟男属于第三项规定的情形，而葛云飞则属于第五项规定的情形，热电厂应当依法不得裁减上述三人。

第五章　劳动合同的争议及处理

劳动合同争议是用人单位与员工之间因为对薪酬、工作时间、福利、解雇及其他待遇等工作条件的主张不一致而产生的纠纷。处理劳动争议、协调劳资关系是我国工会和执法机关应尽的重要义务。

第一节　劳动合同争议的概念、特征及处理原则

一、劳动合同争议的概念与特征

“劳动合同争议”涉及两个概念，分别是“劳动合同”和“争议”。根据我国《劳动合同法》的规定，所谓劳动合同即指我国境内的企业、事业、个体户、民营单位等根据我国法律与劳动者所订立的合同，同时也包括国家行政机关和非盈利组织。“争议”在《汉语大辞典》之中的含义即纠纷夫人意思。因此劳动合同争议是指用人单位与劳动者在订立、履行、变更、解除或者终止劳动合同过程中所产生的纠纷。通常劳动合同争议有以下特征。

第一，主体具有特定性。劳动合同争议双方必须是用人单位和与其有劳动关系的劳动者。这一特征使劳动合同争议区别于普通民商事争议和劳动行政争议。根据我国现行法律规定，以下主体间争议可按照劳动合同争议处理：

(1)在中国境内的企业、个体户、民营非企业单位和与之形成劳动关系的劳动者之间；

(2)在我国境内签订、履行劳动合同的当事人之间；

(3)国家机关、事业单位、社会团体和与之形成劳动关系的劳动者之间；

(4)个体工商户与其帮工之间，以及军队、武警部队与其无军籍的职工之间。

第二，内容具有限定性。劳动合同争议是因为劳动者与用人单位之间就与劳动有关的权利义务而产生的纠纷。劳动权利和劳动义务是依据劳动

法、集体合同、劳动规章制度和劳动合同具体确定的，因而劳动争议在一定意义上是指遵守劳动相关法律法规订立、履行、变更和终止集体合同或劳动合同所发生的争议。

我国相关法律中将劳动争议的外延界定为：

(1)因确认劳动合同关系发生的争议；

(2)因订立、履行、变更、解除和终止劳动合同发生的争议；

(3)因除名、辞退、辞职、离职发生的争议；

(4)因工作时间、休息休假、社会保险、福利、培训以及劳动保护发生的争议；

(5)因劳动报酬、工伤医疗费、经济补偿或者赔偿金等发生的争议；

(6)法律、法规规定的其他劳动合同争议。

二、劳动合同争议的分类

(一)个人争议、集体争议与团体争议

所谓个人争议，是指单个劳动者和用人单位之间的劳动争议。其特点在于：第一，争议的主体是单个的，具有一定的特殊性；第二，争议处理活动必须由本人或代理人(需有书面文件)参加，而不得由代表参加；第三，争议的调解、仲裁和诉讼都适用普通程序，而不得适用简易程序。

集体争议，指的是多个劳动者基于共同理由与用人单位发生的劳动争议。团体争议，是工会与用人单位或其团体之间因集体合同而发生的争议。二者的主要区别在于争议的主体不同，集体争议的主体仍然为用人单位与劳动者，而团体争议的主体则为用人单位和工会(一般为集体劳动合同)。

区分个人争议和集体争议的意义主要在其不同的处理程序上，个人争议的处理通常适用一般程序，而集体争议则有特殊要求。我国劳动厅争议调解仲裁法对集体争议的人数有明确限制为世人以上，集体争议可派代表参加调解、仲裁或诉讼。

(二)权利争议和利益争议

根据争议的内容，可以将劳动争议划分为权利争议和利益争议。用人单位与劳动者就执行劳动合同与劳动法律法规而产生的争议可以称之为权利争议。权利争议是为了实现合同规定的具体权利而发生的争议，又被称为履约争议。而利益争议，又称为权利确定的争议，即缔约争议，指因主张有待确定的权利义务而产生的争议。

权利争议与利益争议的区别在于两种不同的解决方式。权利争议属于法律争议性质，可以纳入司法裁判的范畴。利益争议为经济争议性质，尚没有可用法律，也无法通过法律途径解决，所以多采用和平方式协商解决。

（三）国内争议和涉外争议

国内劳动合同争议，即双方均为中国国籍的劳动者和用人单位间的合同争议。涉外劳动争议，是指当事人一方或双方具有外国国籍或无国籍的劳动争议。

国内争议和涉外争议区分的意义在于劳动争议解决所适用法律的不同。涉外劳动争议的处理，应该按照国际惯例，适用雇主所在地法律。凡用人单位（雇主）在我国境内的劳动争议均适用我国法律处理。

三、劳动合同争议处理

（一）劳动合同争议的处理原则

1. 合法原则

劳动争议处理，必须合法。首先，合法原则要求解决劳动争议的机关在处理劳动争议问题的时候，必须实事求是，认真地调查研究，收集和审查证据，全面、客观地了解争议的事实和真相。其次，劳动争议解决机关在查明事实的基础上依法作出处理。劳动争议解决机关必须严格按照相关法律法规的规定处理，包括程序法和实体法。前者比如调解组织和仲裁机构要依法组成，依法定程序进行，后者则包括调解协议或者仲裁裁决必须在有关劳动合同法律法规基础上依法作出。

2. 公正原则

公正原则要求劳动争议处理机构公平对待双方当事人，不能偏袒任何一方。公正原则应贯穿于劳动争议处理的全过程中。从劳动争议立案、劳动争议调查到开庭审理，全部过程都应该坚持公正原则。在劳动仲裁过程中，只有坚持公正原则才能让争议双方最终认可纠纷处理的结果，化解争议双方的问题。

3. 调解原则

调解原则强调用调解方式解决劳动争议。调解，达成的协议是在完全征求争议双方共同意见的基础上达成的，因此对化解双方矛盾解决争议大有帮助。根据全国总工会的统计，调解在企业调解委员会层面上成功率达到了60%，把大量的争议解决在基层，对于稳定和谐的劳动关系非常重要。因此，劳动争议调解仲裁法专章针对调解作出了详细规定，而且在仲裁程序中，将仲裁调解作为必经程序，规定仲裁庭在作出裁决之前，应当先行调解，调解不成的，才能作出裁决，体现了着重调解的原则。

4. 及时处理原则

及时处理原则要求劳动争议当事人、劳动争议调解委员会、劳动争议仲裁委员会及人民法院在劳动争议案件处理过程中，必须按照法律规定及时行使权利、履行职责。当事人应及时申请调解或仲裁，超过法定时间将不予受理。当事人应及时参加调解、仲裁活动，否则调解无法进行，仲裁则可能被视为撤诉或被缺席仲裁。当事人不服仲裁而起诉的要及时，不服一审判决而上诉的也要及时，否则失去起诉权、上诉权，合法权益将得不到保障。我国劳动仲裁法规定的仲裁调解时长不超过15日，仲裁时长不超过45日。劳动合同法规定人民法院审判时长不超过6个月。

5. 工会参与原则

工会是工人利益的代表，维护职工合法权益是工会的义务。协调劳动关系、参与劳动争议处理是工会履行自己义务的体现。因此，在处理劳动争议时，工会要依法参与，为职工提供法律服务和帮助。

依据我国相关法律规定，工会可以参与处理下列劳动争议：因用人单位开除、除名、辞退职工和职工辞职、自动离职发生的争议；因履行、变更、解除劳动合同发生的争议；因签订或履行集体合同发生的争议；因执行国家有关工作时间和休息休假、工资、劳动安全卫生、女职工和未成年工特殊保护、职业培训、社会保险和福利的规定发生的争议；法律、法规规定的其他劳动争议。工会参与劳动争议处理应当遵循的原则包括：依据事实和法律，及时公正处理；当事人在适用法律上一律平等；预防为主、基层为主、调解为主；尊重当事人申请仲裁和诉讼的权利；坚持劳动争议处理的三方原则。

（二）劳动合同争议处理的几种途径

1. 协商

我国目前正处于社会转型期，企业类型多样，劳动关系复杂。因此，各种不同类型的劳动合同争议也大量涌现。如果将这些多样的劳动争议全部交由劳动争议处理机构来处理,现有的劳动机构将不堪重负,对于争议当事人来说也是非常不经济的。根据我国法律,协商是劳动合同争议处理中双方自主解决劳动合同争议的方式,是必经的法律程序之一。劳动合同争议双方应本着平等、合作的原则,自主协商,平等交流,在互谅互让的基础上达成协议,以达到争议解决的目的。劳动合同争议协商制度是我国一直倡导的解决劳动争议的方式,也是解决劳动合同争议的一个不容忽视的重要环节,应该得到人们的高度重视。

2. 调解

调解是处理劳动合同争议进入仲裁诉讼程序的第一个环节。依据我国法律规定,当事人双方应以书面或口头形式向调解委员会申请调解。在接到申请后,调解委员会应以我国劳动法律法规为准绳,以事实为依据,用民主协商的方式,调解双方的劳动争议。

调解是处理劳动争议的基本形式,是企业内基层群众性组织对劳动争议所作的调解,与其他调解形式存在根本的不同。近年来,随着我国社会经济规模日益庞大,调解已经成为处理越来越多的劳动合同纠纷的重要方式,对构建和谐劳动关系、构建和谐社会具有重要意义。

3. 仲裁

劳动合同争议仲裁是一种准司法行为,由劳动争议仲裁机构执行,其中包括对劳动合同争议依法审理并进行调解、裁决的一系列活动。在我国,劳动合同争议仲裁,是劳动争议处理的必要程序,只有经过仲裁这一程序之后,如果不满意仲裁结果,方可进行劳动争议诉讼程序。

4. 诉讼

劳动合同争议诉讼是处理劳动合同争议的最后一种途径,由人民法院执行。劳动合同争议诉讼的程序主要包括劳动合同争议案件的起诉、受理、调查取证、审判和执行等一系列诉讼程序。它是司法最终解决劳动争议原则在劳动争议处理中的具体体现,是劳动争议当事人不服仲裁裁决寻求司法救助,从而保护其合法权益的法律制度。由于诉讼途径在解决劳动合同争议问题时所处的程序地位,我们可以看到劳动合同争议诉讼的法律地位。

第二节 劳动合同争议的调解与仲裁程序

一、劳动争议基层调解

关于劳动基层调解的含义在前文已经有所叙述，这里不再重复。

（一）劳动争议调解组织

1. 企业劳动争议调解委员会

企业劳动争议调解委员会，是在企业内部依法设立的，负责调解本单位劳动争议的工会组织。企业劳动争议调解委员会的设立和组成分两种情况，在成立工会的企业，应遵循法律法规的规定，在未成立工会的企业，应由职工和企业双方的代表协商决定。企业劳动争议调解委员会的设立应根据企业规模的大小与组织形式，采取适宜的方式设立。

在企业中，企业劳动争议调解委员会的地位相对独立，对于劳动纠纷，应根据本企业的情况和职工参加工作的事实，依据实际情况处理劳动争议。除了处理劳动争议，企业劳动争议调解委员会还应该积极预防劳动争议的发生。因此，企业劳动争议调解委员会应该对企业和劳动者双方实施劳动监察活动，制定纠纷处理和调解的制度规则，将纠纷化解在平时。

2. 基层人民调解组织

基层人民调解组织是根据我国人民调解的相关法规规定而设立的群众性组织，其设立主体是村民委员会和居民委员会。企业事业单位可根据需要参照相关规定设立调解委员会。

人民调解委员会在处理劳动争议问题时的功能与企业劳动争议调解委员会的职能相似，这里不再详述。

3. 乡镇、街道劳动争议调解组织

乡镇、街道劳动争议调解组织是指在企业相对集中的乡镇、街道依法设立劳动争议的区域性或行业性调解组织。很多地方已经根据当地的情况设立了相应的组织。

（二）调解员和调解形式

在调解劳动争议时，当事人可以根据实际情况，要求调解员回避，具体形式可以是书面的也可以是口头的。调解员的回避应由调解组织主任决定，调解组织主任的回避应由调解组织集体研究决定。

实施调解的一般形式是由调解组织主任主持召开有争议双方当事人参加的调解会议。有关单位和个人可以参加调解委员会从中提供一定的证据辅助。争议双方在参加调解时可以要求调解委员会邀请比较熟悉情况的有关单位和个人参加。

一般来说，调解委员会的人数构成应根据劳动争议的复杂程度决定。简单的劳动争议一到两名调解员即可。

（三）劳动争议基层调解程序

1. 申请

在劳动争议发生后，双方协商没有达成一致，当事人应尽快申请调解委员会予以调解，时长一般为三十日之内。当事人决定采取劳动基层调解的方式应该提交申请。申请的形式可以是口头的也可以是书面的。针对口头申请，劳动争议调解组织应当当场记录劳动争议的基本信息，包括申请的基本情况、申请调解的争议事项、理由和时间。

2. 受理

调解组织接到申请后，应当征询对方当事人的意见，并做好记录，回复申请方。在时间上，对方当事人不同意调解的，调解组织应在三日内以书面形式告知申请人；对方当事人同意调解的，调解组织应在四日内做出受理或不受理的决定。

调解组织审查的受理条件主要包括以下方面：是否属于劳动争议，申请人是否适合，申请对方是否明确，调解请求和事实是否清楚。经审查认为符合受理条件的，予以受理，并书面通知双方当事人，认为不符合受理条件的，应将理由向申请人说明，并告之其申诉途径。

3. 调解

调解组织在受理劳动争议后，还应该进一步审查申请书内容，对于错漏事项应及时通知申请人补正。根据谁主张谁举证原则，调解组织应要求当事人对所主张的事项提供证据，并征求对方当事人对证据的意见。调解组织还应对争议事项进行调查，全面核实，根据实际情况拟定调解方案和调解建议，并及时通知双方调解地点和时间。

调解劳动争议，应当充分听取双方当事人对事实和理由的陈述，耐心疏导，帮助其达成协议。经调解达成协议的，应当制作调解协议书。调解协议书由双方当事人签名或者盖章，经调解员签名并加盖调解组织印章后生效，对双方当事人具有约束力，当事人应当履行。

具体来说，调解程序主要包括以下几个主要步骤：

(1)会议主持人宣布会议开始，书记员向主持人报告大会人员情况；

(2)主持人宣布调解目的和调解纪律，告知双方当事人在调解过程中应有的权利和义务，并宣布申请人请求调解的争议事项；

(3)申请人根据自身情况宣读申请书或者口头陈述申请事由或理由，

(4)对方当事人根据申请人申请书进行答辩或口头陈述；

(5)主持人宣讲与争议有关的法规政策，然后出示有关证据；

(6)双方当事人对事实和证据发表各自意见；

(7)调解委员会依据所查明的事实，提出建议，征求双方当事人的意见，如双方当事人均接受，可达成调解协议，并依法制作调解协议书；如不能达成一致，也应如实记录，并在调解意见书上说明情况。

调解应当自收到调解申请之日起十五日内结束，到期未达成协议的，当事人可以依法申请仲裁。

(四)劳动争议基层调解协议的效力

调解协议书由双方当事人签名或者盖章并加盖调解组织印章以后生效，调解结果对双方当事人具有约束力，当事人应当履行。

因支付拖欠劳动报酬、工伤医疗费、经济补偿或者赔偿金事项达成调解协议，用人单位在协议约定期限内不履行的，劳动者可以持调解协议书依法向人民法院申请支付令。人民法院应当依法发出支付令。

调解协议书不具备强制力，即双方当事人如在执行调解协议时反悔，调解委员会只能劝说当事人，无权强制执行或限制当事人另外提出仲裁申请。

二、劳动争议仲裁

(一)劳动争议仲裁概述

劳动争议仲裁是一种执法行为，是仲裁机构依据当事人的申请，对劳动争议依法审理并调解、裁决依法居中公断的活动。

我国劳动争议仲裁所依据的法律法规主要有《劳动法》、《劳动合同法》、《企业争议处理条例》和新施行的《劳动争议调解仲裁法》。仲裁无须当事人事先达成仲裁协议，一方申请即可启动仲裁程序，另一方则被动强制参加仲裁。这种半强制仲裁形式在一定程度上也能符合劳动争议的特点。首先，以仲裁机构的半官方性代替仲裁机构的纯民间性，以对方当事人参与仲裁的强制性代替参与仲裁的自愿性。劳动行政部门十分熟悉劳动关系和劳动管理的业务，能够在劳动者和用人单位之间居中公断，便于劳动争议的公正处理。劳动争议双方当事人在强弱地位上存在差别，一般来说劳动者多主动申请仲裁，这种半强制仲裁可有效防止用人单位拒绝，有利于保护劳动者权益。其次，劳动争议仲裁实行“三方原则”。劳动仲裁机构是政府代表，能够适度干预劳动争议。用人单位代表和企业职工代表能够实现双方妥协，避免矛盾激化。

劳动争议仲裁兼有行政性和准司法性。首先，其行政性表现在，劳动仲裁机构是国家的职能部门，半强制仲裁含有行政性因素。其次，其准司法性表现在仲裁机构的设立、职责、权限、组织活动原则和方式具有与司法机关特别是审判机关近似甚至相同的特点，都必须依法进行。

（二）劳动争议仲裁机构

1. 劳动争议仲裁委员会和办事机构

劳动争议仲裁委员会，是依法设立的，经国家授权依法独立仲裁处理劳动争议案件的专门机构。劳动争议仲裁委员会按照统筹规划、合理布局和适应实际需要的原则设立。通常，劳动争议仲裁委员会不按行政区划层层设立。各级仲裁委员会不存在相互行政隶属关系，各自独立仲裁本行政区域内发生的劳动争议案件并向同级政府报告，但是要接受劳动行政部门的指导。

原则上，劳动争议仲裁委员会应由劳动行政部门代表、工会代表和企业方面代表共同组成，组成人员为单数。一般来说，劳动争议仲裁委员主任由劳动行政部门负责人担任，副主任由仲裁委员会委员协商产生。至于每方的具体数目，应由三方协商决定。根据我国法律规定，劳动争议仲裁委员应按照法律规定履行下列职责：第一，聘任、解聘专职或者兼职仲裁员；第二，受理劳动争议案件；第三，讨论重大或者疑难的劳动争议案件；第四，对仲裁活动进行监督。

另外，劳动争议仲裁委员会下设的办事机构，专门负责处理劳动争议仲裁委员会的日常工作。通常下设办事机构主要有管理业务的仲裁办公室、劳动行政部门的劳动争议调解和其他职能办事机构。仲裁委员会办事机构在仲裁委员会领导下，主要的职责包括：(1)承办处理劳动争议案件的日常工作；(2)根据仲裁委员会的授权，负责管理仲裁员，组织仲裁庭；(3)管理仲裁委员会的文书、档案、印鉴；(4)负责劳动争议及其处理方面的法律、法规及政策咨询；(5)向仲裁委员会汇报、请示工作；(6)办理仲裁委员会授权或交办的其他事项。

2. 劳动争议仲裁庭和仲裁员

仲裁庭是仲裁机构处理劳动争议的基本组织形式，其组织原则是"一案一庭"，具体可分为独任制和合议制两种形式。独任制是由仲裁委员会指定一名仲裁员独审仲裁，一般适用于事实清楚、案情简单、法律适用明确的劳动争议案件。合议制是由三名或三名以上单数仲裁员组成并共同审理仲裁劳动争议案件，是劳动争议案件仲裁庭组成的一般形式。

仲裁庭处理劳动争议结案时，应报劳动争议仲裁委员会主任审批，劳动争议仲裁委员会主任认为有必要，也可以提交劳动争议仲裁委员会审批。对于一些重大或者复杂案件，应交由仲裁委员会讨论决定。仲裁委员会的决定，仲裁庭必须执行。

仲裁员的组成包括专职仲裁员和兼职仲裁员两种。仲裁员的任职资格应经省级以上的劳动行政主管部门考核认定。专职仲裁员由仲裁委员会从劳动行政主管部门专门从事劳动争议处理工作的人员中聘任。兼职仲裁员由仲裁委员会从劳动行政主管部门或其他行政部门的人员、工会工作者、专家、学者和律师中聘任。兼职仲裁员与专职仲裁员在执行仲裁公务时享有同等权利。兼职仲裁员进行仲裁活动时，应征得其所在单位同意，所在单位应当给予支持。

仲裁员的主要职责有：(1)接受仲裁委员会办事机构交办的劳动争议案件，参加仲裁庭；(2)进行调查取证，有权向当事人及有关单位、人员进行调阅文件、档案，询问证人、现场勘察、技术鉴定等与争议事实有关的调查；(3)根据国家的有关法律、法规、规章及政策提出处理方案；(4)对争议当事人双方进行调解，促使当事人达成和解协议；(5)审查申诉人的撤诉请求；(6)参加仲裁庭合议，对案件提出裁决意见；(7)案件处理终结时，填报《结案审批表》；(8)及时做好调解、仲裁的文书工作及案卷的整理归档工作；(9)宣传劳动法律、法规、规章、政策；(10)对案件涉及的秘密和个人隐私应当保密。

(三)劳动争议仲裁的参与人

1. 当事人

发生劳动争议的劳动者和用人单位为劳动争议仲裁案件的双方当事人。劳务派遣单位或者用工单位与劳动者发生劳动争议的,劳务派遣单位和用工单位为共同当事人。

2. 代表人

根据仲裁法规定,企业法人应由法定代表人参加仲裁活动,没有法定代表的,应由其主要负责人参加仲裁活动。职工一方人数在十人以上,并且有共同理由的,应当推举代表参加,具体人数由仲裁委员会确定。

3. 代理人

依据相关法律规定,当事人可委托一至两名代理人参加仲裁活动。委托他人参加仲裁活动,应当向劳动争议仲裁委员会提交书面材料予以说明。对于丧失或者部分丧失民事行为能力的劳动者,应由其法定代理人代为参加;无法定代理人的,由劳动争议仲裁委员会为其指定。劳动者死亡的,由其近亲属或者代理人参加仲裁。

4. 第三人

与劳动争议案件的处理结果有利害关系的第三方,也可以申请参加仲裁活动(应向仲裁委员会递交申请书);没有申请的,劳动仲裁委员会根据实际情况发出通知。

(四)劳动争议仲裁的主管和管辖

1. 劳动争议仲裁的主管

劳动争议仲裁的主管,是指劳动者和用人单位的那些争议事项具有可仲裁性,并归属劳动争议仲裁机关受理仲裁。根据我国《企业劳动争议处理条例》,劳动争议仲裁的受案范围包括:第一,因企业开除、除名、辞退职工和职工辞职、自动离职发生的争议;第二,因执行国家有关工资、保险、福利、培训、劳动保护的规定发生的争议;第三,因履行劳动合同发生的争议;第四,法律、法规规定应当依照本条例处理的其他劳动争议。

2. 劳动争议仲裁的管辖

劳动争议仲裁的管辖，是指各级仲裁委员会之间、同级仲裁委员会之间，受理劳动争议案件的分工和权限。对劳动争议的当事人而言，劳动争议仲裁的管辖具有表明劳动争议发生后应该向哪一级和哪一个仲裁委员会申请仲裁的意义；对仲裁委员会而言，它具有界定各个仲裁委员会行使仲裁权的空间范围的意义。

目前，我国劳动争议仲裁管辖的原则是便于当事人申诉、应诉，利于仲裁委员会行使仲裁权。其中的具体规定为以下几个方面。

(1)地域管辖。劳动争议仲裁委员会负责管辖本区域内发生的劳动争议。劳动争议由劳动合同履行地或者用人单位所在地的劳动争议仲裁委员会管辖。双方当事人分别向劳动合同履行地和用人单位所在地的劳动争议仲裁委员会申请仲裁的，由劳动合同履行地的劳动争议仲裁委员会管辖。发生劳动争议的单位与职工不在同一个仲裁委员会管辖地区的，由职工当事人工资关系所在地仲裁委员会受理。另外，涉外劳动争议，如果合同履行地在我国领域内，由合同履行地仲裁委员会受理。

(2)级别管辖。各级仲裁委员会的分工除受到地域的差别外，还由案件的性质、影响范围和繁简程度决定。一般来说，省级仲裁委员会和设区的市仲裁委员会负责处理外商投资企业发生的劳动争议案件以及在全省、全市有重大影响的劳动争议案件。

(3)移送管辖。仲裁委员会在接到当事人申请时，如果发现案件超出本仲裁委员会的管辖，应当建议申请人将申请递交至具有管辖权的仲裁委员会，对于已经受理的纠纷，应当在规定之日内移送有管辖权的仲裁委员会，并及时通知申请当事人。

(4)指定管辖。仲裁委员会之间因管辖权发生争议，由双方协商解决；协商不成时，由共同的上级劳动行政主管部门指定管辖。

(五)劳动争议仲裁程序

1. 仲裁时效

劳动争议的仲裁时效，是指当事人双方或者一方未在法定期限内向劳动争议仲裁机构递交劳动争议仲裁申请，而就要丧失请求劳动争议仲裁机构保护其权利的制度。对于超出时效的仲裁申请，劳动争议仲裁委员会可以作出不予受理的书面裁决、决定或通知，当事人不服可以向法院起诉，法院应当受理，经查确已超过仲裁时效的，依法驳回其诉讼请求。

根据我国劳动仲裁法律法规相关规定，我国劳动争议申请仲裁时效为一年。仲裁时效计算的时点为当事人知道或者应当知道其权利被侵害之日。仲裁时效可以因当事人一方向对方当事人主张权利，或者向有关部门请求权利救济，或者对方当事人同意履行义务而中断。从中断时起，仲裁时效应重新计算。因不可抗力或者有其他正当理由，当事人不能在仲裁时效内递交仲裁申请的，仲裁时效应中止。仲裁时效中止缘由消除时，仲裁时效期间应继续计算。因拖欠劳动报酬发生争议且在劳动关系存续期间内的，劳动者仲裁不受规定的仲裁时效期间的限制；但是，劳动关系终止的，应当自劳动关系终止之日起一年内提出。

2. 申请和受理

申请人申请仲裁除应当提交正式书面仲裁申请外，还应该根据被申请人人数提交相应数量的副本。仲裁申请书应当包好以下方面的信息：

(1)劳动者的姓名、性别、年龄、职业、工作单位和住所，用人单位的名称、住所和法定代表人或者主要负责人的姓名、职务；

(2)仲裁请求和所根据的事实、理由；

(3)证据和证据来源、证人姓名和住所。

对于书写仲裁申请确有困难的申请人，可以口头申请，由劳动争议仲裁委员会进行笔录，并告知被申请人。

仲裁委员会的办事机构负责劳动争议案件受理的日常工作。仲裁委员会办事机构工作人员接到仲裁申请书后，应及时审查下列事项：

(1)申请人是否与本案有直接利害关系；

(2)仲裁申请中载明的争议是否是劳动争议；

(3)仲裁申请中载明的劳动争议是否在本仲裁委员会的管辖范围之内；

(4)申请人递交的材料是否充足且符合要求；

(5)申请时间是否超过劳动仲裁申请的时效。

劳动仲裁委员会应对申请人递交的申请书存在的各种类型问题作出一定的指导，材料不足的应告知申请人予以补充，申请书不符合要求的应要求申请人重新填写。

对于符合各项要求的，仲裁委员会应尽快授权职能机构负责立案审批。仲裁委员会办事机构工作人员对于经审查符合受理条件的案件，应即填写《立案审批表》并及时报仲裁委员会或其办事机构负责人审批。劳动仲裁委员会的决定是否受理的时效为五日。如果受理，劳动争议仲裁委员会应道通知申请人，如果不能受理，劳动争议仲裁委员会应当作出书面通知，并说明理由。申请人对于劳动仲裁委员会逾期未作出决定的，可就该劳动争议事项向法院提起诉讼。对于申请书副本，劳动争议仲裁委员会应在五日内将副本送达被申请人。受到副本后，被申请人应在十日内向劳动争议仲裁委员会提交答辩书，劳动争议仲裁委员会应将答辩书副本在五日内送达申请人。被申请人不提交答辩书的，不影响仲裁程序。

3. 仲裁前的准备工作

劳动争议仲裁委员会仲裁劳动争议一般实行仲裁庭制。对于一般案件，仲裁庭的仲裁员应有三名，并设首席仲裁员。如果是简单劳动争议仲裁，仲裁庭可设一名仲裁员单独仲裁。劳动争议仲裁委员会应当在受理仲裁申请之日起五日内仲裁员组成情况书面通知当事人。

具备下列情形之一的，仲裁员应当回避(当事人也有权以口头或者书面方式提出回避申请)：

(1)与本案直接关系人存在近亲属关系的或其他关系可能影响裁决结果公正性的；

(2)与本案仲裁结果有利害关系的；

(3)私自会见当事人、代理人，或者接受当事人、代理人请客送礼的。

对于当事人的仲裁员回避申请，劳动争议仲裁委员会应及时作出决定，并以口头或者书面方式通知当事人。仲裁员有私自会见当事人、代理人，或者接受当事人、代理人的请客送礼情形，甚至索贿受贿、徇私舞弊、枉法裁决行为的，应当依法承担法律责任。

仲裁庭的成员有义务对劳动争议仲裁的事实进行调查。在用人单位调查时，仲裁员应出示相关证件，认真做出调查笔录，交由被调查人审阅，并由被调查人签字或盖章。在仲裁活动中，遇有需要勘查或鉴定的问题，应由法定部门进行勘察或鉴定工作，没有法定部门的，仲裁委员会应向有关部门作出委托，受委托方应在规定期限内完成调查，因客观原因不能完成的应书面告知委托方仲裁委员会。

在开庭五日前，仲裁庭应当将开庭日期、地点书面通知双方当事人。双方当事人有正当理由的，可以在开庭三日前请求延期开庭。对于延期请求，劳动争议仲裁委员会应决定是否延期。申请人收到书面通知，无正当理由拒不到庭或者未经仲裁庭同意中途退庭的，可以视为撤回仲裁申请。被申请人收到书面通知，无正当理由拒不到庭或者未经仲裁庭同意中途退庭的，可以缺席裁决。

4. 开庭和审理

劳动争议仲裁应公开进行，但有特殊事由的除外。仲裁庭开庭裁决，可以根据实际情况选择以下程序:(1)由书记员检查双方当事人、代理人及有关人员是否到庭,并宣布仲裁庭纪律;(2)由首席仲裁员宣布开庭,宣布仲裁员、书记员名单,告知当事人相关权利义务,询问当事人是否申请回避并宣布案由;(3)听取申诉人的申诉和被申诉人的答辩;(4)仲裁员以询问方式,对需要进一步了解的问题进行当庭调查,并征询双方当事人的最终意见;(5)根据当事人的意见,决定是否进行调解;(6)如果不能调解,或双方最终没有达成协议时,应及时休庭合议并作出裁决;(7)仲裁庭复庭,宣布仲裁裁决;(8)对仲裁庭难作结论或需提交仲裁委员会决定的疑难案件,仲裁庭应当宣布延期裁决。

对于存在鉴定事由的,鉴定机构应当派出鉴定人参加仲裁。当事人经仲裁员许可后,可以向鉴定人进行询问。在仲裁过程中,当事人有权进行质证和辩论。质证和辩论结束以后,首席仲裁员或者独任仲裁员应当征询当事人的最后意见。当事人提供的证据经调查和质证属实的,仲裁庭应当将其作为认定事实的依据。对于劳动者无法提供的并且由用人单位掌握管理的重要证据,仲裁庭可以要求用人单位在指定期限内提供。用人单位在指定期限内不提供的,应当承担不利后果。

仲裁庭书记员应当将开庭情况详细记入笔录。当事人和其他仲裁参加人认为对自己陈述的记录有差错或者遗漏的,有权向仲裁庭申请补正。如果不予补正,仲裁庭应当予以记录。笔录由仲裁员、记录人员、当事人和其他仲裁参加人签名或者盖章。

5. 裁决

仲裁庭裁决劳动争议案件的时长为自劳动争议仲裁委员会受理仲裁申请之日起四十五日内。对于案情复杂需要延期的,经劳动争议仲裁委员会主任批准,可以延期并书面通知当事人,但是延期最长时长为十五日。逾期未作出仲裁裁决的,当事人可以就该劳动争议事项向人民法院提起诉讼。

仲裁庭裁决劳动争议案件时,对于部分已经清楚的事实,可以就该部分先行裁决。仲裁庭作出裁决时,对涉及经济赔偿和补偿的争议标的可作变更裁决,对其他争议标的可在作出肯定或否定裁决的同时,另向当事人提出书面仲裁建议。

仲裁裁决申请书应当按照少数服从多数的意见制作,少数持有不同意见的仲裁员建议应当记入笔录。对于未能形成多数意见的案件,应当按照首席仲裁员的意见作出裁决。裁决书应由仲裁员签名,加盖劳动争议仲裁委员会印章。对裁决持不同意见的仲裁员,也可以不签名。仲裁裁决书应写明以下内容：

(1)申诉人和被申诉人的基本信息；

(2)申诉的理由、争议的事实和要求；

(3)裁决认定的事实、理由和适用的法律、法规；

(4)裁决的结果及费用的负担；

(5)不服裁决，向人民法院起诉的期限。

仲裁庭处理劳动争议结案时，应填写《仲裁结案审批表》报仲裁委员会主任审批。仲裁委员会主任认为有必要，也可提交仲裁委员会审批。

6. 先予执行和重新审理

仲裁庭对追索劳动报酬、工伤医疗费、经济补偿或者赔偿金的案件，根据当事人的申请，可以裁决先予执行，移送人民法院执行。仲裁庭裁决先予执行的，应当符合下列条件：①当事人之间权利义务关系明确；②不先予执行将严重影响申请人的生活。

各级仲裁委员会主任对本委员会已经发生法律效力和裁决书，发现确有错误，需要重新处理的，应提交本仲裁委员会决定。仲裁决定书由仲裁委员会主任署名，加盖仲裁委员会印章。仲裁委员会宣布原仲裁裁决书无效后，应从宣布无效之日起七日内另行组成仲裁庭。仲裁庭再次处理劳动争议案件，应当自组成仲裁庭之日起三十日内结案。

(六)劳动争议仲裁裁决的效力

依据仲裁相关法律规定，目前我国劳动争议仲裁裁决根据其法律效力，可以分为终局裁决和非终局裁决。

1. 终局裁决

适用终局性裁决的范围包括：①追索劳动报酬、工伤医疗费、经济补偿或者赔偿金，不超过当地月最低工资标准十二个月金额的争议；②因执行国家的劳动标准在工作时间、休息休假、社会保险等方面发生的争议。

当事人不服裁决的可在收到仲裁裁决书十五日内向人民法院提起诉讼。用人单位认为裁决结果存在下列情形之一的，可在收到裁决书三十日内向劳动争议仲裁委员会所在地法院提起撤销裁决申请：

(1)适用法律、法规确有错误的；

(2)劳动争议仲裁委员会无管辖权的；

(3)违反法定程序的；

(4)裁决所根据的证据是伪造的；

(5)对方当事人隐瞒了足以影响公正裁决的证据的；

(6)仲裁员在仲裁该案时有索贿受贿、徇私舞弊、枉法裁决行为的。

法院经审查核实裁决过程中有上述情形之一的，应当裁定撤销。仲裁裁决被人民法院裁定撤销的，当事人可以自收到裁定书之日起十五日内就该劳动争议事项向人民法院提起诉讼。

2. 其他裁决

其他劳动争议裁决不服的，当事人可以向人民法院提起诉讼的时间与终局裁决一样。当事人对发生法律效力的调解书、裁决书，应当依照规定的期限履行。一方当事人逾期不履行的，另一方当事人可以依照民事诉讼法的有关规定向人民法院申请执行。

三、集体合同争议的协商仲裁程序

集体合同争议，是指集体合同双方当事人在集体合同运行过程中发生的关于设定和实现集体劳动权利义务的争议。集体合同争议的类型与普通劳动合同争议的类型相似，同样可以分为利益争议和权利争议。

集体合同争议的社会影响非常之广，各国都十分重视。我国《劳动法》、《劳动合同法》都对集体合同争议的处理作了重要规定，对双方都作出了原则性制约，并结合《劳动法》和《工会法》，制定了《集体合同规定》，在其中设置了有关集体合同争议处理的专门章节。

根据我国《劳动合同法》的规定，用人单位违反集体合同，侵犯职工劳动权益的，工会可以依法要求用人单位承担责任；因履行集体合同发生争议，经协商解决不成的，工会可以依法申请仲裁、提起诉讼。

(一)集体合同争议的协商处理程序

集体协商过程中发生争议，双方当事人不能协商解决的，当事人一方或双方可以书面向劳动保障行政部门提出协调处理申请；未提出申请的，劳动保障行政部门认为必要时也可以进行协调处理。

劳动保障行政部门应当组织同级工会和企业组织等三方面的人员，共同协调处理集体协商争议。

集体协商争议处理实行属地管辖，具体管辖范围由省级劳动保障行政部门规定。中央管辖的企业以及跨省、自治区、直辖市用人单位因集体协商发生的争议，由劳动保障部指定的省级劳动保障行政部门组织同级工会和企业组织等三方面的人员协调处理，必要时，劳动保障部也可以组织有关方面协调处理。

协调处理集体协商争议，应当自受理协调处理申请之日起30日内结束协调处理工作。期满未结束的，可以适当延长协调期限，但延长期限不得超过15日。

协调处理集体协商争议应当按照以下程序进行：

(1)受理协调处理申请；

(2)调查了解争议的情况；

(3)研究制定协调处理争议的方案；

(4)对争议进行协调处理；

(5)制作《协调处理协议书》。

《协调处理协议书》应当载明协调处理申请、争议的事实和协调结果，双方当事人就某些协商事项不能达成一致的，需要将继续协商的有关事项予以载明。《协调处理协议书》由集体协商争议协调处理人员和争议双方首席代表签字盖章后生效。争议双方均应遵守生效后的《协调处理协议书》。

(二)集体合同争议的仲裁程序

根据我国《劳动争议仲裁委员会办案规则》的规定，职工一方在三十人以上的集体劳动争议适用案件特别审理规则。包括以下内容：

仲裁委员会对于集体劳动争议的处理，应当组成特别仲裁庭，应至少包含三名以上仲裁员，且仲裁员为单数。县级仲裁委员会认为有必要，可将集体劳动争议报请上级仲裁委员会处理。仲裁庭的设置应该按照就地就近原则进行，开庭场所可设在发生劳动争议的企业或其他便于及时办案的地方。

仲裁委员会应当自收到集体劳动争议申诉书之日起三日内作出受理或者不予受理的决定。仲裁委员会在作出受理决定的同时，组成特别仲裁庭用通知书或布告形式通知当事人；决定不予受理的应当说明理由。

仲裁庭处理集体劳动争议应本着先行调解的原则，促成职工代表与企业代表之间的有效协商，实事求是地促使双方达成协议。达成调解协议的，调解书自送达或布告公布之日起即发生法律效力。调解或协商未能达成协议的仲裁庭应及时裁决。仲裁庭作出裁决后，应制作裁决书送达当事人，或用“布告”形式公布。

仲裁庭处理集体劳动争议，应当自组成仲裁庭之日起十五日内结束。案情复杂需要延期的经报仲裁委员会批准，可以适当延期，但是延长的期限不得超过十五日。仲裁委员会对受理的集体劳动争议及其处理结果应及时向当地人民政府汇报。

第三节　劳动合同争议的诉讼程序

一、劳动争议诉讼案件的主管和管辖

(一)主管

人民法院的主管制度含义与劳动争议仲裁机构主管制度的含义相似,是为了处理人民法院之间的分工和权限,即人民法院可以受理的劳动争议案件的类型。

1. 人民法院受理的是经过劳动仲裁程序的劳动争议案件

根据我国的相关法律法规规定,劳动争议仲裁是处理劳动争议的必要程序。未经仲裁的劳动争议,当事人无权起诉。

当事人劳动争议仲裁时效为接到仲裁裁决书十五日内,期满不起诉的,裁决书即发生法律效力。对一审判决不服,可以向上一级人民法院上诉,二审判决是终局裁判,即“一裁二审”模式。

2. 人民法院对于劳动争议案件受理范围的具体规定

中华人民共和国境内的用人单位与劳动者之间的下列劳动争议,如果当事人不服劳动争议仲裁委员会作出的裁决,可依法向人民法院起诉的,人民法院应当受理,具体包括。

(1)因企业开除、除名、辞退职工和职工辞职、自动离职发生的争议;

(2)因执行国家有关工资、保险、福利、培训、劳动保护的规定发生的争议;

(3)因履行劳动合同发生的争议;

(4)法律、法规规定应当依照本条例处理的其他劳动争议。

劳动者与用人单位之间发生的下列纠纷,当事人不服劳动争议仲裁委员会作出的裁决,依法向人民法院起诉的,人民法院应当受理:

(1)劳动者与用人单位在履行劳动合同过程中发生的纠纷;

(2)劳动者与用人单位之间没有订立书面劳动合同,但已形成劳动关系后发生的纠纷;

(3)劳动者退休后,与尚未参加社会保险统筹的原用人单位因追索养老金、医疗费、工伤保险待遇和其他社会保险费而发生的纠纷;

(4)用人单位和劳动者就劳动关系是否解除或者终止而产生的经济补偿金产生的争议；

(5)劳动者与用人单位就劳动关系解除后，要求用人单位返还因订立劳动合同而产生的定金、保证金、抵押金、抵押物之间的争议，或者办理劳动者的人事档案、社会保险关系等转移手续产生的争议；

(6)劳动者因为工伤、职业病，要求用人单位依法承担给予工伤保险待遇的争议，经劳动争议仲裁委员会仲裁后，当事人依法起诉的，人民法院应予受理；

(7)劳动争议仲裁委员会以劳动者申请仲裁的事项不属于劳动争议为由，作出不予受理的书面裁决、决定或者通知，当事人向人民法院起诉的，只要是人民法院职责范围内的，人民法院都应受理；

(8)劳动争议仲裁委员会以劳动者的申请超过时限为由，作出不予受理的书面裁决、决定或者通知，当事人不服向人民法院起诉的，人民法院应当受理；对确已超过时限的，又无其他正当理由或不可抗力的，依法驳回其诉讼请求。

(9)劳动争议仲裁委员会为纠正原仲裁裁决错误重新作出裁决，当事人不服，依法向人民法院起诉的，人民法院应当受理。当事人不服劳动争议仲裁委员会作出的预先支付劳动者部分工资或者医疗费用的裁决，向人民法院起诉的，人民法院不予受理。但是，用人单位不履行上述裁决中的给付义务，劳动者依法向人民法院申请强制执行的，人民法院应予受理。

(二)管辖

人民法院的劳动争议诉讼的管辖含义同劳动争议仲裁委员会的管辖含义相似，是指人民法院之间受理第一审劳动争议案件的分工和权限。原则上，劳动争议案件应由劳动合同履行地的基层人民法院管辖，对于劳动合同履行地不明确的，应由用人单位所在地的基层人民法院管辖。

当事人双方不服劳动争议仲裁委员会作出的同一裁决，均向同一人民法院起诉的，先起诉的一方视为原告，但对双方的诉讼请求，人民法院应当一并作出裁决。当事人双方就同一仲裁裁决分别向有管辖权的人民法院起诉的，后受理的人民法院应当将案件移送给先受理的人民法院。

二、劳动争议诉讼案件的当事人和举证责任

(一)当事人

诉讼过程中的被告或原告都仅限于劳动者和用人单位，不能以劳动仲

裁机构为被告。在诉讼过程中,一方当事人撤诉的,人民法院应当根据另一方当事人的诉讼请求继续审理。

劳动者同起有字号的个体工商户产生的劳动争议诉讼,人民法院应当以营业执照上登记的字号为当事人,但应同时注明该字号业主的自然情况。劳动者因履行劳动力派遣合同产生劳动争议诉讼,以派遣单位为被告,若涉及接收单位,则以派遣单位和接受单位为共同被告。

用人单位发生合并、分立的,则分别以合并、分立后的用人单位为当事人。若用人单位分立后,承受劳动权利义务关系不明确的当事人,分离后的单位均为当事人。

用人单位招用尚未解除劳动合同的劳动者,原用人单位与劳动者发生的劳动争议,可以列新的用人单位为第三人。原用人单位以新的用人单位侵权为由向人民法院起诉的,可以列劳动者为第三人。原用人单位以新的用人单位和劳动者共同侵权为由向人民法院起诉的,新的用人单位和劳动者列为共同被告。劳动者在用人单位与其他平等主体之间的承包经营期间,与发包方和承包方双方或者一方发生劳动争议,依法向人民法院起诉的,应当将承包方和发包方列为共同被告。

(二)劳动争议诉讼案件的举证责任

我国《民法》规定,民事诉讼中举证责任的一般性原则是"谁主张、谁举证",但是在当事人势力强弱不均时,也会有举证责任倒置的规定。基于劳动合同争议中用人单位明显强于劳动者的特点,有关制度便在举证责任的分配上体现出了对劳动者的倾向性保护,以落实对劳动者合法权益的保护。一般情况下,用人单位负责倒置举证责任的有:因用人单位作出的开除、除名、辞退、解除劳动合同、减少劳动报酬、计算劳动者工作年限等决定而发生的劳动争议。有学者认为,劳动争议的举证责任可借鉴《中华人民共和国劳动争议调解仲裁法》第三十九条之规定,"劳动者无法提供由用人单位掌握管理的与仲裁请求有关的证据,仲裁庭可以要求用人单位在指定期限内提供。用人单位在指定期限内不提供的,应当承担不利后果。"

三、劳动争议诉讼的程序

(一)起诉和受理

当事人向法院提出诉讼,法院应依法首先进行审查,决定是否受理。在此环节,法院应重点审查诉讼中的劳动合同争议是否在法院的受理范围之内,以及确定双方争议内容是否符合起诉条件,包括实质条件和程序条件。前者审查的重点在双方当事人,后者审查的重点在当事人递交的书面文件是否符合法定要求所应具备的内容。对于不符合要求的诉讼,法院有义务对当事人作出指导建议。对于符合要求的诉讼,法院应及时受理。

当事人提交的诉状应符合以下规定:

(1)诉状应是书面的,依据被告人数提交相应数量的副本,对于有书写困难的当事人,可以口头起诉,由法院代为整理;

(2)诉状的内容应载明,①原告和被告的基本信息,包括当事人的姓名、性别、年龄、民族、职业、工作单位和住所,法人或者其他组织的名称、住所和法定代表人或者主要负责人的姓名、职务等,②诉讼请求以及根据的事实与理由,③证据及其来源,证人姓名和住所。

对于符合规定的劳动争议,法院应在七日内立案。原告对于裁定不予受理的案件,可以提起上诉。

(二)案件审理前的准备

案件审理前的准备工作主要包括收集证据和准备有关材料。根据我国法律规定,人民法院应当在立案之日起五日内将诉状副本发送被告,被告应在收到之日起十五日内提出答辩状。人民法院应当在收到被告答辩状之日起五日内将答辩状副本发送原告。被告未提出答辩状的,不影响人民法院审理。人民法院对决定受理的案件,应当在受理案件通知书和应诉通知书中向当事人告知有关的诉讼权利义务,或者口头告知。

法院应依法组成合议庭,并将组成人员在确定后三日内告知双方当事人。对于要参加诉讼的当事人,人民法院应当通知。

审判人员有义务认真审核诉讼材料,调查依法收集相关证据。如有必要,人民法院可委托外地人民法院进行调查。受委托人民法院收到委托书后,应当在三十日内完成调查。因故不能完成的,应当在上述期限内函告委托的人民法院。

(三)开庭审理

民事案件审理工作,人民法院应当公开进行。当事人有正当理由申请不公开审理的,可以不公开审理。公开审理的案件,人民法院应当公告当事人姓名。案件和开庭的时间、地点。

开庭审理前,书记员应当核查准确当事人和其他诉讼参与人是否到庭并宣布法庭纪律。审判长在开庭审理时应当核对当事人宣布案由,宣布审判人员、书记员名单,告知当事人的权利和义务,询问当事人是否提出回避申请。

法庭调查的程序为：

(1)当事人陈述；

(2)如有证人，应告知证人的权利义务，证人作证，宣读未到庭的证人证言；

(3)当事人双方向法庭呈示相关证据；

(4)宣读鉴定结论；

(5)宣读勘验笔录。

当事人在法庭上可以提出新的证据。当事人经法庭许可，可以向证人、鉴定人、勘验人发问。当事人要求重新进行调查、鉴定或者勘验的，是否准许，由人民法院决定。

对于原告增加诉讼请求、被告提出反诉以及第三人提出与本案有关的诉讼请求，法庭可以合并审理。在法庭辩论阶段，法庭应按照下列顺序进行：

(1)原告及其诉讼代理人发言；

(2)被告及其诉讼代理人答辩；

(3)第三人及其诉讼代理人发言或者答辩；

(4)互相辩论。

法庭辩论结束，审判长应按照原告、被告、第三人的顺序征询各方最后意见。判决前能够调解的，还可以进行调解；调解不成的，应当及时判决。

原告经传票传唤，无正当理由拒不到庭的，或者未经法庭许可中途退庭的，可按撤诉处理；被告反诉的，可缺席判决。被告经传票传唤，无正当理由拒不到庭的，或者未经法庭许可中途退庭的，可以缺席判决。宣判前，原告申请撤诉的，是否准许，由人民法院裁定。人民法院裁定不准许撤诉的，原告经传票传唤，无正当理由拒不到庭的，可以缺席判决。

经审查，存在下列情形之一的，法院可延期开庭：

(1)必须到庭的当事人和其他诉讼参与人有正当理由或不可抗力无法到庭；

(2)当事人临时提出回避申请的；

(3)需要通知新的证人到庭，调取新的证据，重新鉴定、勘验，或者需要补充调查的；

(4)其他情形。

书记员应当将法庭审理的全部活动记入笔录，由审判人员和书记员签名。法庭笔录应当当庭宣读，也可以告知当事人和其他诉讼参与人当庭或者在五日内阅读。当事人和其他诉讼参与人认为对自己的陈述记录有遗漏或者差错的，有权申请补正。如果不予补正，应当将申请记录在案。法庭笔录由当事人和其他诉讼参与人签名或者盖章。拒绝签名盖章的，记明情况附卷。

人民法院对公开审理或者不公开审理的案件，一律公开宣告判决。当庭宣判的，应当在十日内发送判决书；定期宣判的，宣判后立即发给判决书。宣告判决时，必须告知当事人上诉权利、上诉期限和上诉的法院。宣告离婚判决，必须告知当事人在判决发生法律效力前不得另行结婚。人民法院适用普通程序审理的案件，应当在立案之日起六个月内审结。有特殊情况需要延长的，由本院院长批准，可以延长六个月；还需要延长的，报请上级人民法院批准。

(四)判决

经过审理，由审判组织对案件事实作出认定，并依据所适用法律，对案件争议作出实体判决或涉及程序问题的判决。

判决书应当载明的内容有：

(1)案由、诉讼请求、争议的事实和理由；

(2)判决认定的事实、理由和适用的法律依据；

(3)判决结果和诉讼费用的负担；

(4)上诉期间和上诉的法院。判决书由审判人员、书记员署名，加盖人民法院印章。

人民法院审理案件，其中一部分事实已经清楚，可以就该部分先行判决。

(五)上诉

上诉是指劳动争议当事人一方或者双方不服一审裁判而向上级人民法院上诉，上诉法院对该争议一审过程中的事实认定、法律适用进行重新审查，保证案件处理的公正性。

当事人要求上诉应在十五日内将判决书送达上一级人民法院。对于人民法院一审裁定，当事人应在收到裁定书十日内送交上一级人民法院。当事人上诉应当递交上诉状。上诉状的内容，应当包括当事人的姓名、法人的名称及其法定代表人的姓名或者其他组织的名称及其主要负责人的姓名，原审人民法院名称，案件的编号和案由，上诉的请求和理由。

上诉状应当通过原审人民法院提出，并按照对方当事人或者代表人的人数提供副本。当事人直接向第二审人民法院上诉的，第二审人民法院应当在五日内将上诉状移交原审人民法院。

依据我国民事诉讼法规定，自原审人民法院收到上诉状之日起五日内，人民法院应当在五日内将上诉状副本送达对方当事人，对方当事人在收到之日起十五日内提出答辩状。人民法院应当在收到答辩状之日起五日内将副本送达上诉人。对方当事人不提出答辩状的，不影响人民法院审理。原审人民法院收到上诉状、答辩状，应当在五日内连同全部案卷和证据，报送第二审人民法院。

第二审人民法院应当对上诉请求的有关事实和适用法律进行审查。第二审人民法院对上诉案件，应当组成合议庭，开庭审理。经过审阅和调查，并询问当事人，在事实核对清楚后，合议庭认为不需要开庭审理的，也可以径行判决、裁定。第二审人民法院审理上诉案件，可以在本院进行，也可以到案件发生地或者原审人民法院所在地进行。第二审人民法院对上诉案件，经过审理，按照下列情形，分别处理：(1)原判决认定事实清楚，适用法律正确的，判决驳回上诉，维持原判决；(2)原判决适用法律错误的，依法改判；(3)原判决认定事实错误，或者原判决认定事实不清，证据不足，裁定撤销原判决，发回原审人民法院重审，或者查清事实后改判；(4)原判决违反法定程序，可能影响案件正确判决的，裁定撤销原判决，发回原审人民法院重审。

第二审人民法院对不服第一审人民法院裁定的上诉案件的处理，一律使用裁定。在第二审人民法院判决宣告前，当事人有权决定是否申请撤回上诉，但需要得到第二审人民法院的批准。第二审人民法院同样适用判决前调解程序，调解达成协议，应当制作调解书，由审判人员、书记员署名，加盖人民法院印章。调解书送达后，原审人民法院的判决即视为撤销。

第二审人民法院的判决、裁定具有终审效力。第二审人民法院审理案件的时限为立案之日的三个月内，如有特殊情况需要延期的，需由本院院长批准。第二审人民法院裁定时限为接到上诉日之后的三十日以内。

(六)执行

1. 强制执行

通常情况下，义务人应该在规定的时限内自觉履行已生效的法院裁判、调解书、仲裁书，否则当事人可通过法律形式强制义务人履行。

被执行人未按执行通知履行法律文书确定的义务，应当报告当前以及收到执行通知之日前一年的财产情况。被执行人拒绝报告或者虚假报告的，人民法院可以根据情节轻重对被执行人或其法定代理人、有关单位的主要负责人或者直接负责人员予以罚款和拘留。

被执行人因未执行通知履行法律文书确定的义务，人民法院有权向银行、信用合作社和其他有储蓄业务的单位查询被执行人的存款情况，有权冻结、划拨被执行人的存款，但不得超出被执行人应履行义务的范围。人民法院对冻结、划拨存款的决定，应当作出裁定，并发出协助执行通知书，相关储蓄业务单位必须办理。对于没有存款，或者存款数额不足的被执行人，人民法院有权扣留、提取被执行人应当履行义务部分的收入。同样应作出相关裁定，并发出执行通知书，要求被执行人所在单位予以协助。被执行人拒绝执行的，人民法院有权查封、扣押、冻结、拍卖、变卖被执行人应当履行义务部分的财产。人民法院应通知其主要负责人或法定代表人到场，拒不到场的，不影响执行。人民法院执行员应对被查封、扣押的财产，详列清单，由在场人员签名或者盖章以后，交被执行人一份。因被执行人过错造成的损失，由被执行人承担。财产被查封或扣押后，执行员应当责令被执行人在指定期间履行义务。逾期不履行的，人民法院可依法对财产进行拍卖或者变卖。被执行人隐匿财产的，人民法院可由院长签发搜查令，进行搜查。

法律文书中指定被执行人交付的财物或者票证，由执行员传唤双方当面交付，或者由执行员转交，并由被交付人签收。有关单位或者公民持有该项财物或者票证的，应当根据人民法院的协助执行通知书转交，并由被交付人签收。拒不交出的，人民法院可强制执行。在执行中，需要办理有关财产权证照移交手续的，人民法院可向有关单位发出协助执行通知书，有关单位必须办理。对判决、裁定和其他法律文书指定的行为，被执行人未按执行通知履行的，人民法院可以强制执行或者委托有关单位或者其他人完成，费用由被执行人承担。被执行人未按判决、裁定和其他法律文书指定的期间履行给付金钱义务的，应当加倍支付迟延履行期间的债务利息。被执行人未按判决、裁定和其他法律文书指定的期间履行其他义务的，应当支付迟延履行金。

2. 中止执行

依据我国最新修订的《民事诉讼法》相关规定，具有下列情形之一的，法院可以中止执行：

(1)申请人表示可以延期执行的；

(2)案外人对执行标的提出确有理由的异议的；

(3)作为一方当事人的公民死亡，需要等待继承人继承权利或者承担义务的；

(4)作为一方当事人的法人或者其他组织终止，尚未确定权利义务承受

人的;

(5)人民法院认为应当中止执行的其他情形。

中止的情形消失后,恢复执行。

中止情形出现后,法院应对中止执行的条件进行审核,根据我国相关法律的规定,应在最长不超过五个工作日回复申请。

3. 不予执行

当事人申请人民法院执行劳动争议仲裁机构作出的发生法律效力的裁决书、调解书,被申请人提出经审查核实的证据证明劳动争议仲裁裁决书、调解书有下列情形之一,人民法院可依据《民事诉讼法》相关规定,裁定不予执行:

(1)裁决的事项劳动争议仲裁机构无权仲裁的;

(2)适用法律有误的;

(3)仲裁员未对该事项公正裁决,存在徇私舞弊的;

(4)人民法院认定执行该劳动争议仲裁裁决违背社会公共利益的。

人民法院在不予执行的裁定书中,应当告知当事人在收到裁定书之次日起三十日内,可以就该劳动争议事项向人民法院起诉。

但是,劳动争议案件并非都经过上述所有环节,例如一审审结后即终结的劳动争议,或者有些争议却可能还要增加按照审判监督程序进行的再审程序。

另外,根据我国涉外法律相关规定,对于享有一定权利的外资企业和国际组织,应该按照中华人民共和国相关法律规定以及我国缔结和参与的国际条约,进行处理。

【案例与解析】

案例:诉讼时效的计算与影响

【案情】2013 年 1 月,广东东莞某港资模具设计有限公司工程设计部的设计工程师卢某离职。而此前两个月,即 2012 年 10 月间,和其一起共事的两名同事和好友模具制造部陈某、赵某也曾先后从该公司离职。2013 年 6 月,卢某、陈某和赵某三人相约一起吃饭,席间陈某和赵某谈及 2 个月前两人曾在原公司领取 2013 年度的年终奖,并询问卢某有无领取年终奖。卢某表示从未听说公司发放年终奖一事。卢某于次日即向原公司问询年终奖事宜,公司答复只有目前在职的员工才可领取年终奖。卢某遂指出其旧同事陈某、赵某均有年终奖,公司此时答复陈某赵某均为模具制造部员工,而其为工程设计部员工,年终奖因部门不同而有差异性。公司还进一步指出其已于1月离职,按照相应法律规定,其两个月时效已经过去,所以也不可能通过仲裁渠道获得所谓年终奖。卢某不认可公司说法,认为仲裁时效应从其主张之日起计算且时效按新法规定为1年,故将公司诉至所在地劳动争议仲裁委。

【解析】本案例姑且不讨论在实体法上年终奖是否予以核发的问题,主要探寻从程序法的角度分析卢某的仲裁时效是否经过。这里涉及两个讨论子项:一是争议的仲裁时效适用2个月还是1年;二是争议的仲裁时效的起算日是卢某离职之日还是卢某向公司提出主张之日。对于第一个问题,按照程序法优先的法律适用原则,如何适用仲裁时效应按照当事人何时提起争议事项之日的法律规定,卢某提起劳动仲裁的时间是《劳动争议调解仲裁法》实施后的6月,故适用新法的1年仲裁时效规定。对于第二个问题,主要涉及对劳动争议发生之日起的理解,法律条文中表述的"从当事人知道或者应当知道其权利被侵害之日起"语词分析来看,此节案例理解的关键是何时为"应当知道其权利被侵害之日",卢某作为一般的工程设计人员,不可能知晓其离职后年终奖发放的事宜,同时公司亦不能举证其已告知卢某离职后概无年终奖,所以卢某不可能知晓年终奖发放事宜,故其向公司问询之日应被视为"应当知道其权利被侵害之日",并作为计算时效的起点。很显然,该争议并未经过1年的仲裁时效。

第六章　集体劳动合同法律制度

集体劳动合同法律制度，是劳动合同法律制度的一项重要制度。我国于1994年制定的劳动法正式以法律的形式确立了这项制度，2008年，通过的劳动合同法又对集体合同制度进行了明确。通过研究集体合同制度中存在的各种问题，我们在本章把集体劳动合同法律制度所要考虑的种种问题作了总结。

第一节　集体合同的概念和内容

一、集体合同的概念

集体合同又称团体协议、集体协议，是指由工会代表企业劳动者整体同企业在平等自愿、协商一致的条件下签订的书面协议。这份书面协议同一般劳动合同一样遵守当地政府法律、法规的规定，内容主要包含了劳动报酬、工作时间、休息休假、劳动安全卫生、保险福利等条款。集体合同有多个层级之分，一般来说包含了企业级集体合同、行业集体合同、地区集体合同、国家级集体合同。

集体合同是社会经济和工人运动发展的产物，最早起源于18世纪的欧洲。集体合同法制化则出现在19世纪初的新西兰。在二战以后，集体合同法律制度有了较大的发展。为缓和劳资关系，维护社会稳定，欧美国家开始积极敢于劳资关系，制定了多种集体合同法律制度，如1949年德国颁布的《集体协议法》，1974年英国颁布的《工会与劳工关系法》等。国际劳工组织也向各国倡议制定有关集体合同的法律，并制定了大量的公约和建议书。

集体合同制度在我国也有很长的历史。早在新民主主义革命时期，中国共产党领导下的中国劳动组合书记部于1922年8月16日拟定的《劳动法大纲》就明确提出了“劳动者有缔结团体契约权”，把缔结集体合同作为工人运动的斗争纲领之一。新中国成立以后，尤其是十一届三中全会以后，集体合同制度在我国有了进一步发展。从1986年至今,有多部关于集体劳动合同的法律颁布。例如,1986年颁布的《全民所有制工业企业职工代表大会条例》,1992年颁布并于2001年修正的《工会法》,1994年颁布的《劳动法》,当然在新劳动合同法之中,集体合同同样占有重要地位。

从不同的角度划分集体合同,可依得到不同的标准。前文所述的企业级集体合同、行业级集体合同、地区级集体合同、国家级集体合同是从集体合同的层级划分的,从集体合同的内容看,集体合同又可依分为综合性集体合同(规定多方面标准的集体合同)和专项集体合同(规定某一方面标准的集体合同)。

二、集体合同的特征

第一,集体合同目的具有特定性,即规范当事人之间具体的劳动关系。集体合同并不产生特定当事人之间的具体权利义务关系,而是通过对劳动条件、劳动争议处理以及职工民主管理等内容的约定来达到协调企业内部劳动关系的目的。因此,这里可以说集体合同是联结国家法律与具体劳动合同之间的纽带。

第二,集体合同的内容非常广泛,涉及员工与企业劳动关系的各个方面。

第三,集体合同规定了合同缔约双方都要履行的义务,但是非常特殊。合同的当事人之间互相承担一定的义务和职责,用人单位或用人单位团体一方违背了义务,责任人要负相应的法律责任,而工会一方若违背了义务,一般不承担法律责任和经济责任,只承担道义和政治责任。

三、集体合同与劳动合同的区别

集体合同是劳动合同的一种,不过具有一定的特殊性。通过与一般性劳动合同的比较,我们可以更加明确集体合同的概念。一般来说,集体合同与劳动合同之间的区别主要有以下几个方面。

第一,两者调整的对象不同。一般性劳动合同调整的是个别劳动关系,即用人单位和单个劳动者之间的特定劳动关系,这种劳动关系通常具有个性化特征和多样性特点;而集体合同的调整对象是集体劳动关系,即用人单位与单位全体劳动者之间的一般劳动关系。因此,这种劳动关系具备普遍性特征,反映的是集体劳动关系的整体性、共同性、一般性的特点。

第二,两者签订主体不同。一般性劳动合同的签订主体是用人单位和劳动者个人;而集体合同的签订主体则是企业劳动者团体与用人单位或用人单位方面的团体。一般情况下,集体合同的主体一方是由工会代表劳动者团体行使当事人的权利,没有工会的由依法产生的职工代表代表其单位的全体劳动者行使当事人的权利。在集体合同的主体的另一方是用人单位或者是某行业、某地区的用人单位团体。

第三,两者签订的目的不同。一般性劳动合同订立的目的旨在在劳动者与用人单位之间建立劳动关系;而集体合同订立的目的在于为建立劳动关系设定具体标准,并在其效力范围内规范劳动者与用人单位之间的劳动关系。

第四,两者签订的形式不同。一般性劳动合同的订立形式,各个国家规定不尽相同,有的为要式合同,有的为非要式合同。根据我国《劳动合同法》的规定,单个劳动者与用人单位之间订立劳动合同的,必须签订书面劳动合同。但在非全日制用工的劳动合同中,可以为口头协议。而集体合同的签订则必须为要式合同,而且非常繁杂(具体程序将在第二节叙述)。一般来说在工会代表全体职工或经职工选举产生的代表与用人单位订立集体合同后,还须经过劳动行政主管部门的审查,非经审查通过,集体合同不发生相应的法律效力。

第五,两者签订的内容方面不同。一般性劳动合同是以单个劳动者的权利义务为内容,包含了劳动关系的各个方面;而集体合同则是以全体劳动者的共同权利和义务为内容,可能包含劳动关系的各个方面,也可能仅包含劳动关系的某一个方面,如专项集体合同可能只涉及劳动关系中的工资、劳动条件、社会福利等其中的某一个方面。

第六,两者签订的效力不同。一般性劳动合同仅对单个劳动者与用人单位之间具有法律效力;而集体合同中工会或职工选举的代表则能够代表全体劳动者,以及对用人单位或者用人单位团体均具有法律效力。需要注意的是,集体合同的效力在原则上应高于一般性劳动合同的效力,如果一般性劳动合同确立的劳动报酬、劳动条件等标准低于集体合同确立的标准,则应当按照集体合同确立的标准执行。

此外,集体合同在订立的程序方面、集体合同的生效时间等方面,与劳动合同相比,均存在着较大的差异,在此不再一一赘述。

四、集体合同的内容

集体合同的内容是指集体合同中需要明确对签订双方有明确规定的权利、义务条款以及其他问题。因此,集体合同的内容通常由三个部分构成:

第一，劳动标准条件规范部分，这是集体劳动合同的核心内容，其中包含了劳动合同双方的权利义务的绝大部分内容；第二，过渡性内容，主要包括集体合同发生纠纷时所采用的法律解决程序，职工聘用与解雇等等；第三，有关集体合同本身的一般性规定，包括集体合同的有效期限、变更和解除的条件等。

依据条款的性质，集体合同的条款基本上可分为四类。首先是标准性条款，即规定劳动标准的条款。这一类条款主要包括劳动报酬、工作时间、休息休假、劳动安全卫生、保险福利、职业培训、女职工和未成年工劳动保护等方面的标准。其次是目标性条款，即规定完成某项任务、实现某个目标的条款。这一类条款可有多种类型，如建成某项劳动保护工程、增设某项生活福利设施等。再次是保障性条款，即保障标准性条款和目标性条款所确定的义务能够顺利实现的条款。这一类条款主要包括集体合同的监督检查、集体合同的解释、集体合同争议处理、违约责任等。最后是运行性条款，即确定集体合同的运行规则的条款。这一类条款包括集体合同的成立、生效、变更、解除、终止、续订等事项。

具体来说，集体合同必须包括以下条款。

(1)劳动报酬。劳动报酬主要包括工资水平、工资构成、工资分配方式和支付办法等内容。集体合同对于劳动报酬一般从两个方面予以确定：一方面是现时性规定，即对现行标准和做法做出明确规定，另一方面是发展性规定，即职工晋级和增资的依据和办法。因此，这类条款主要包括：用人单位应在约定时间内将工资支付给劳动者本人；劳动者应在法定工作时间内依法参加社会活动期间，用人单位应视其提供了正常劳动而支付工资等等。具体包括：①企业最低工资水平；②工资形式；③工资支付时间；④加班工资及津贴、补贴、奖金等；⑤工资增长办法。

(2)工作时间。集体劳动合同中有关工作时间的约定主要包括：劳动者每日工作多长时间(一般以小时表示)，每周工作多少天；加班以及加班时长与待遇；倒班和轮休制度；员工和企业不遵守工作时间的处理办法等。集体合同有关工作时间的约定须遵守国家关于劳动合同的相关规定。

(3)休息休假。这一方面的条款主要是指有关劳动者的休假、年休假、病事假、女职工生理病假和产假、婚丧假、探亲假、职工带薪休假、奖励假期等各类休假的期限、休假办法、休假待遇等项内容的约定，其中还应包括关于如何实施国家规定的劳动者休息休假制度的规定。

(4)保险福利。在集体合同中，订立双方主体应就有关职工养老、失业、工伤、医疗、生育、死亡的待遇和职工住房、生活供应、保健、文化、教育、娱乐设施等项内容做出实质性约定。由于劳动法的实施，我国的劳动保险以社会保险为主体，因此，集体合同对于劳动保险的约定，主要在于说明除国家基本社会保险之外，企业将为职工建立哪些补充保险和兴办哪些职工福利。

(5)劳动安全卫生。企业应保障劳动者在劳动过程中的安全，对职工开展安全教育，为职工购买劳动保护用品，对职工身体进行健康检查，以及其他相关的劳动保护措施。集体劳动合同签订双方应在这些方面做出明确规定。

(6)合同期限。集体合同往往都有固定期限合同，所以在集体合同中，期限也是合同的必备条款。根据我国《集体合同规定》的规定，集体合同期限一般为一至三年，在集体合同规定的期限内，双方代表对集体合同的履行情况进行检查。经双方协商一致，也可对集体合同进行修订。

(7)变更、解除、终止集体合同的协商程序。集体合同期限内，由于签订集体合同的环境和条件发生变化，致使集体合同难以履行时，集体合同任何一方均可提出变更或解除合同的要求。另一方应在七日内进行协商，达成一致意见，方可变更或解除集体合同。变更后的集体合同，应在七日内报送劳动保障行政部门审查。协商一致解除的集体合同，应在七日内报劳动保障行政部门说明情况。为此，在集体合同中，应当事先约定变更和解除集体合同的协商程序。

(8)双方履行集体合同的权利和义务。

(9)履行集体会同发生争议时协商处理的约定。履行集体合同发生争议时双方首先应当协商解决；协商解决不成的，可以向当地劳动争议仲裁委员会申请仲裁；任何一方对仲裁裁决不服，都可以在收到仲裁裁决书之日起15日内向人民法院提起诉讼。集体劳动争议必须经历这三个程序。从人情的角度出发，协商这第一个程序也是必要的。

(10)违反集体合同的责任。这是使集体合同得以履行的基本条款。这一方面条款的内容主要包括：集体合同双方当事人违反集体合同时，依其违约性质、情节、程度等实际情况各应承担何种责任，包括民事责任和行政责任；违反集体合同的免责条件有哪些；如何确认和追究集体合同的违约责任等等。

(11)双方认为应当协商约定的其他内容。双方约定的其他内容通常与行业所处的具体环境有关。一般来说，主要包括劳动合同的签订时间及其内容要求，确定合同期限的条件；劳动合同的续订、终止、变更、解除的具体条件；奖惩制度、奖惩条件、程序；裁员条件、程序及经济补偿；提取技能培训费用的比例及使用；改善培训条件措施；开展职工培训的目标。

需要注意的是，集体合同中的标准性条款具有特殊的效力，它们对劳动合同具有约束力，劳动合同中约定的个人劳动标准不得低于集体合同中的标准性条款所确定的标准，否则无效。

集体合同的内容，实质是企业对劳动者在劳动条件、劳动报酬、工作时间、休息休假、保险福利和生活保障等方面的承诺，因而在集体合同的内容中，占主导地位的是企业的义务。在法律上，义务性条件与规范性条件是有区别的。这种区别在于，前者一经履行就告消灭，如合同规定企业在三年内必须改善职工劳动条件，这项义务一旦完成，企业的义务就告消灭。而规范性条件则是在合同有效期内持续制约和规范当事人行为的条件，在集体合同中，劳动者的义务多表现为规范性条件。

五、集体合同的作用

（一）集体合同制度是劳动力市场机制运行的必要条件

劳动力市场机制的有效运行，依赖于劳动力市场上各主体力量的相互平衡和制约，依赖于建立规范的程序规则。劳动关系是一种隶属关系，而且劳动者个人与企业存在严重的信息不对称，再加上劳动者个人在经济上对用人单位的依赖性，使得而这之间在地位上严重失衡。集体合同制度的建立，可以使劳动者通过能够代表自己意志的团体与用人单位交涉，从而实现自己利益最大化。因此，集体合同有利于维护劳动市场的秩序，确保劳动力市场上供需双方的力量平衡，最终促进劳动力市场的和谐发展。

（二）集体合同制度建立了平等协商的制度

集体合同签订的一项重要原则就是平等协商。通常，在签订集体合同之时，谈判质量的高低对集体合同的内容有很大影响。一般来说，集体谈判和集体合同制度是市场经济条件下劳动关系主体双方自主协调的基本机制。集体协商谈判是双方在法律地位完全平等的基础上，在签订集体合同之前，集体合同双方主体应就劳动标准、劳动条件以及其他劳动关系相关的问题，依据国家法律规定，进行多次沟通、协商、交涉。平等协商是维护员工合法权益，建立和谐稳定劳动关系，调动和发挥劳动者的积极性、创造性的有利保障，同时还能够促进用人单位和员工之间的沟通，实现双方的共同发展。

（三）集体合同制度是雇主谋求工业和平和工业利润的手段之一

用人单位是集体合同签订博弈的重要参与者之一。在签订集体合同之时,用人单位通常会从自身实际出发,因企制宜,合理确定集体合同的具体内容和标准,增强合同的实效性和可操作性。根据具体情况,用人单位可以与劳动者签订综合性集体合同,也可以就工资分配等问题签订专项集体合同。集体合同一旦签订,就使得员工集体建立一道共同约束的道德规范,员工之间可以实现道德上的相互监督,避免怠工、罢工等争议行为带来的经济损失。行业性集体合同还能够防止本行业的不正当竞争,使劳动条件趋于标准化,降低员工流动率,保持工业和平,促进技术改进和生产力水平的提高。

(四)集体合同制度是协调劳动关系的手段

集体合同制度是市场经济发展的一项产物,对于维护劳动者权益、预防和化解劳资冲突、维护社会稳定具有重要意义。为确保这一制度的有效实施,法律规定,任何一方都有权提出平等协商、谈判的要求,另一方没有正当理由不得拒绝。依据法律规定,集体合同制度存在一整套程序,其中详细规定了协商谈判代表的产生程序,提高了对谈判代表的保护力度,强化了协商代表的义务,明确了协议文本的制作和协议达成的时间。集体合同制度赋予集体协商双方代表平等的提议权、建议权、否决权、陈述权和谈判义务,同时禁止企业以保护商业秘密为由拒绝披露有关信息。集体合同制度把工资集体协商作为推进平等协商的重点,就企业内部分配制度、工资分配形式、工资收入水平、工资支付办法等事项进行平等协商,使平等协商在协调劳动关系方面发挥重要作用。

(五)集体合同制度是法律、法规的重要补充

集体合同能够根据地区、行业、企业的特殊劳动关系,是劳动法律、法规所规定的劳动条件和标准重要补充。劳动法律、法规一般来说是对多元、复杂劳动关系的纲领性和原则性规定,没有考虑到一个行业或者地区甚至企业的特殊情况,必然存在各种疏漏。而集体合同制度,通过双方协商,可以对不同企业、不同行业所处的特殊劳动关系作出具体规定,使得劳动者双方都能够得到最大程度的满意。正如德国学者马克曼所说,集体合同是市场经济的一种调节手段,它避免了劳动条件的一成不变,特别是避免了政府确定工资。集体合同最重要的作用在于它保证了有组织的劳资双方平等地参加对劳动条件的确定,消除了单个雇员和其雇主之间的力量不均衡的状态。作为个别劳动合同的一个合法的补充,它在劳动力市场和整个经济中发挥了调节缓和的作用。

第二节　集体合同的制定与变更

一、签订集体合同的原则

（一）合法原则

合法原则，是指集体合同的订立双方必须在合同的主体、内容和程序等方面遵守国家的相关法律规定。世界各国都对集体合同做出了严格的法律规定。根据我国劳动法以及劳动合同法有关规定，集体合同的主体主要包括工会、员工代表、企业、事业组织等，其他组织或者个人无权订立集体合同。在内容上，集体合同的内容不得与法律法规相抵触，只有在此原则下订立集体合同，才能为国家承认，受国家法律保护。在程序上，集体合同当事人要依照法律规定进行协商、谈判、审议、签字、报送、审查与公布，只有履行了上述程序，所订立的集体合同才具有法律效力。在格式上国家有关部门规定了标准格式的，要采用标准格式。

（二）平等协商原则

平等协商即平等自愿、协商一致。合同签订双方在签订集体合同的过程中，在法律地位上是平等，在谈判过程中，双方应互相尊重，任何一方不得强迫另一方，更不得采取引诱、威胁等不正当手段。双方均根据自己的意愿，以平等的身份相互协商，只有在双方达成一致意见以后，集体劳动合同才能签订。另外，双方当事人在订立集体合同的过程中，应当本着合作的原则，讨论解决问题，任何一方都不得以任何方式压制或威胁对方。集体协商应遵守法律、法规的规定和平等、合作原则。

（三）权利义务对等原则

所谓权利义务对等，是指企业或者员工在享受一定权利的同时必须履行一定的义务。权利义务对等原则是处理劳动双方关系时必须遵守的重要原则。企业要求员工为企业服务，企业就必须要为员工提供一定的工资和福利待遇，满足员工的劳动报酬要求。当然，员工要求企业提供一定的工作条件，则需要为企业提供足够的劳动服务，满足企业的劳动生产需求。在签订集体劳动合同时，主体必须明确劳动双方的权利义务规定。

（四）审查原则

集体合同的审查是集体合同订立中保障职工各项重要劳动权益的实现、协调企业和职工群众劳动关系、保证企业生产经营顺利进行、贯彻劳动法精神的重要法律行为，审查原则是订立集体合同必须遵循的原则之一。根据法律规定，集体合同的审查由县级以上人民政府劳动行政部门的劳动合同管理机构负责。集体合同的订立，要遵守以上提到的各项基本原则。只有坚持以上各原则，才是有效的集体合同，才能得到国家法律的保护，才能得到双方当事人的切实履行。同时，签订集体合同时还应注意保持劳动关系的和谐稳定。

二、订立集体合同的程序

一般来说，签订集体合同要经过以下几个程序。

（一）合同双方进行协商

平等协商是签订集体合同的必经程序和原则体现。一般来说，应由用人单位法定代表人以及有关人员和工会代表进行双方协商谈判。在协商之前，双方应就自己的要求起草一个大致意见，并就这些意见进行协商，最终实现双方共同认可。根据我国法律规定，集体合同草案拟定后，不论是哪一方当事人提出的草案的文本，对方当事人没有正当理由都不得拒绝。对于不同看法，应由企业行政领导与企业工会进行协商，补充或修正集体合同草案。在此过程中，应遵循平等、公平、自愿原则。

（二）审议

在用人单位与工会之间的协商之后，双方会形成一个共同认可的集体合同文书。依据相关规定，这份文书应交由全体职工大会或职工代表大会审议，审议通过以后方可经过下一步程序。用人单位应当组织全体职工认真讨论集体合同草案。这是签订集体合同的法定必经程序。

（三）签字

集体合同草案经过全体职工大会或职工代表大会审议通过后，应由用人单位法定代表人与企业工会主席签字，在签字以后集体合同方能生效。签字后的集体合同不因双方代表的变更而解除。签字是集体合同订立的形式要件，不得轻视或不履行。双方在签字之前对集体合同的内容有异议仍可进行再次协商。

（四）报送审查登记

集体合同在经过用人单位法定代表人和企业工会主席签字以后，原则上用人单位应在7日内将集体合同文本及其附件一式三份报送劳动保障行政部门登记备案。劳动保障行政部门对报送来集体合同有内容审查义务，审查重点是合同内容是否存在违法的地方。如果劳动保障行政部门发现集体合同中的项目与条款有违法失实的情况，应不予登记，发回用人单位由合同订立双方对集体合同进行修正。如果劳动保障行政部门在收到集体合同文本之日起15日内，没有提出意见，集体合同即发生法律效力。

（五）公布

集体合同在劳动行政保障部门登记生效后应及时公布，使全体职工都能够清楚认识到自己在企业劳动时应尽的责任和义务。集体合同是要件合同，也就是说，企业、工会组织和职工均应将履行的集体合同以书面形式订立，只有这样，才具有法律效力。因为集体合同涉及用人单位、工会、全体员工各自的权利、义务，采用书面形式订立，便于实行和审查。同时，集体合同订立以后，还须经县（区）级以上政府劳动保障行政部门登记、审查，因而集体合同必须采用书面形式订立。

三、集体合同的效力

如果经过依法订立程序的集体合同不存在违法因素，即在集体合同的主体、内容、订立程序等方面均没有不符合法律规定的地方，那么集体合同就应当产生预期的法律效力，其条款在一定范围内成为劳动关系的规范。一般来说，集体合同的效力分为效力范围和效力形式两个方面，下面分述之。

（一）集体合同的效力范围

1. 对人效力

集体合同的对人效力，是指依法订立的集体合同具备法律约束力的具体对象。我国《劳动合同法》第五十四条第二款规定，我国依法订立的集体合同的法律约束对象主要有用人单位和劳动者。行业性、区域性集体合同则对当地本行业内、区域内的用人单位和劳动者具备约束力。同样《集体合同规定》中也有相似条款,“符合本规定的集体合同或专项集体合同,对用人单位和本单位的全体职工具有法律约束力。”由此可见,依法订立的集体合同对用人单位和劳动者均具有法律约束力。具体来说,在用人单位方面,包括用人单位或用人单位团体;在劳动者方面,包括工会组织和全体劳动者。集体合同的对人效力体现在要求以上主体必须严格、全面地履行集体合同所确定的义务。各参与主体不得擅自变更或解除集体合同,必须征得其他方面的同意。

另外,值得注意的是,集体合同因涉及劳动者社会公共利益而具备一定的特殊性,即它突破合同的相对性原理,集体合同的对人效力不仅存在于合同的当事人,而且还涉及集体合同的关系人。在这里,关系人是指无权订立集体合同但是和集体合同所涉及的利益却直接相关的主体。一般来说,集体合同的关系人在实践中主要有以下几种。

(1)劳动者所在用人单位受集体合同约束,则劳动者是集体合同的关系人。因此,即使劳动者在订立集体合同时没有成为用人单位的职工,甚至也不是用人单位工会会员,只要用人单位受集体合同的约束,劳动者即是集体合同的关系人。当然,集体合同中如果对这方面有特殊规定,则以集体合同规定为准。

(2)作为集体合同关系人的用人单位,一般包括用人单位团体订立集体合同后加入该团体者和失去该团体成员资格者,但是集体合同另有规定的除外。

(3)作为当事团体成员的劳动者或用人单位,即使他们对订立的集体合同持反对意见,也属于集体合同的当事人。

(4)如果当事团体被依法解散,那么在集体合同存续期间,作为前当事团体成员的劳动者或用人单位,仍然要受集体合同的约束。

(5)当某一用人单位的业务被依法移转给另一用人单位后,如果前一用人单位及其劳动者的劳动合同也随之移转,后一用人单位和劳动者也受该集体合同约束。

2. 时间效力

集体合同的时间效力,是指集体合同在什么时间内产生具体的法律效力。时间效力问题一般由双方当事人在协商的时候确定自行商定,法律不进行过多干涉。关于集体合同时间效力的法律规定具体体现在三个方面,

第一,当期效力。法律规定了集体合同的当期效力是指集体合同的存续期间所产生的效力,一般规定了集体合同何时生效和何时失效两个方面。不同国家对于集体合同何时生效问题有不同规定。例如,有的国家规定从

双方当事人在集体合同上签字盖章之日，有的国家则规定为集体合同经审查合格之日或依法推定为审查合格之日。我国法律采取后一种规定。我国《劳动合同法》第五十四条第一款明文规定："集体合同订立后，应当报送劳动行政部门；劳动行政部门自收到集体合同文本之日起十五日内未提出异议的，集体合同即行生效。"各国对于集体合同何时失效的规定较为一致，一般规定为集体合同的约定期满或依法解除之日。我国《集体合同规定》第三十八条对集体合同期限做出了 1—3 年的规定，如果集体合同期满或双方约定的终止条件出现的，则集体合同即行终止，也即失去相应的法律效力。

第二，溯及效力。溯及效力是针对集体合同成立前的劳动合同，指在集体合同签订前已经订立的劳动合同仍然具有法律效力，也就是说，集体合同签订前原来使用于个人或者集体的劳动合同仍然具有法律效力。对此，不同国家的劳动立法规定不尽相同，大多数国家不承认集体合同的溯及力。而少数国家则规定，如果当事人有特别的理由且在经过集体合同管理机关认可后，允许集体合同具有溯及既往的法律效力。

第三，余后效力。余后效力即集体合同到期终止后所产生的法律效力，这是因为，旧的集体合同有效期满，而新的集体合同尚未签订，存在法律上的真空。为了填补这一段法律空白，就有国家的法律规定了集体合同的余后效力。如德国劳动法规定，在旧的集体协议期满而新的集体协议尚未签订的空档期，过期的集体协议仍然有效，一直到新的集体协议缔结生效时为止。我国法律并没有规定集体合同的余后效力，在这一点上，我国应该借鉴国外的做法，填补集体合同可能存在的空白。

3. 空间效力

集体合同的空间效力是指集体合同产生法律效力的地域、产业、职业等范围。一般来说，集体合同的空间效力主要根据集体合同的层级，国家级的集体合同在全国范围内发生法律效力；行业级或者地区级集体合同只在该行业或者地区发生法律效力；企业集体合同对用人单位及其劳动者发生法律效力。

集体合同的空间效力往往会发生集体合同竞合问题，即集体合同存在同一覆盖，针对同一劳动关系同时存在着两种或两种以上内容又不完全相同的集体合同时，应采用哪一个集体合同的问题。从实践经验中看，解决这一问题的办法主要有以下三种：

第一，对效力发生在前的集体合同对集体合同竞合时应当优先适用哪一个集体合同，作了特别规定的，则从其规定，如果没有作出规定，则从其他规则规定；

第二，优先适用应该遵循特殊性原则，即最符合劳动者劳动特点的集体合同，如在产业集体合同和地方集体合同发生竞合时，一般应当优先适用产业集体合同，在行业集体合同和企业集体合同发生竞合时，一般应当优先适用企业集体合同；

第三，由于劳动者在劳动市场竞争中的弱势地位，优先适用应该更有利于劳动者的集体合同，即哪一个集体合同对劳动者的利益保护的标准更高，就应当优先适用该集体合同。

上述三种方法同样存在优先级的问题，一般来说，第一种方法定位为第一顺序，而其他方法应当作为补充。我国实行多层次集体合同模式后，劳动立法中应当考虑上述方法，这样才更有利于对劳动者利益的保护，也更能贯彻劳动法倾斜保护劳动者利益的原则。

（二）集体合同的效力形式

前文讲到，集体合同的条款可以分为标准性条款、目标性条款、劳动关系运行规则条款。这三种不同的条款存在着不同的效力形式。

1. 准法规效力

准法规效力，又称规范效力或物权效力，是指集体合同的标准性条款和劳动关系运行规则条款对其关系人（通常为单个关系人）具有相当于法律规范的效力。这些条款具有以下特点：第一，这些条款不论关系人是否同意，都规定了关系人之间的权利和义务关系。第二，这些条款赋予劳动者的权益，劳动者无权放弃，即使劳动者在劳动合同条款之中有明确的意思表示。但是根据法律规定这样的意思表示是无效的。第三，这些条款一旦因意思表示存在瑕疵被撤销，则只存在余后效力，不存在溯及效力。第四，这些条款对于之前已经存在的并将仍然持续的劳动关系，也具有相应地约束力。

2. 债权效力

债权效力，是指集体合同内容中的目标性条款和集体合同运行规则条款对其当事人具有设定债务的效力。主要因为这些条款的以下这些特点：

第一，债务的设定者与债权的承担者都是集体合同的当事人。通过双方协商，当事人为自己设定一定规模的债务，而要承担的具体内容和范围都会在集体合同中有明确规定。当然，集体合同的双方当事人可以再次协商变更约定的债务及其内容，当然不能影响机体合同的存在。

第二，债务既规定了双方的债务内容，同时也规定了双方为承担债务债权而应该承担的义务。在实践中，需要根据这种债务涉及对方关系人的利益不同进行不同的处理:如果这种债务的履行不涉及对方关系人的个体利益,那么该债务履行请求权只能由对方当事人来行使。如果这种债务的履行既涉及对方关系人的个体利益,或者同时涉及对方关系人的个体利益和对方全体或大部分关系人的共同利益,那么该关系人和对方当事人都有相应的债务履行请求权。

3. 组织效力

组织效力,是指集体合同的某些条款对其关系人具有设定组织法义务的效力。这些条款对这些方面做了规定:第一,集体合同关系人有作为团体成员遵从团体决定的义务,换言之,这种义务规定了关系人要具备一定的集体感。这种义务是向团体内的。第二,这种义务是由集体合同规定的,而非团体规章制度。也就是说,这种义务是由于集体合同的存在才存在的。第三,这种义务是以集体合同关系人所属团体的组织法和团体规章为依据的义务,也即它虽然不由该组织法和团体规章直接设定,但却以该组织法和团体规章所确定的组织关系为依据。

集体合同关系人之所以要求团体成员承担这类义务,有两方面的原因:第一,集体合同的存在以整个团体的存在为依据,该义务有利于维持整个团体的存在。第二,集体合同关系人为了维护其所属团体的利益,必须要求团体成员在观念上保持一致。

四、集体合同的变更、解除与终止

(一)集体合同的变更与解除

集体合同的变更,是指在集体合同尚未履行或正在履行之中,因特定事由或者意外的出现而导致集体合同订立时所依据的主客观条件发生了根本性的变化,进而导致集体合同的内容出现了不合时宜的情况,从而需要对原合同的某些内容进行修改或补充。

集体合同的解除,是指在集体合同尚未履行或正在履行之中,因特定事由或意外的出现导致集体合同订立时所依据的重大变化,进而导致原集体合同的重要内容出现了不能履行的情况,从而需要解除双方当事人之间的集体合同。

我国法律、法规对集体合同的变更与解除有明确的规定。如《集体合同规定》第三十九条规定“双方协商代表协商一致,可以变更或解除集体合同或专项集体合同。”在具体实践中,根据我国集体合同履行和制定的经验,存在以下几种情况的即可变更或解除集体合同：

第一，用人单位因出现重大战略问题而导致兼并、解散或破产等现象，致使集体合同原主体无法继续履行合同的；

第二，因外界不可抗力，如重大自然灾害或国家政策等，致使集体合同无法继续履行的；

第三，集体合同约定的变更或解除条件出现的；

第四，法律法规规定的其他情形。

在变更或解除集体合同时，各参与主体同样应遵循变更或解除集体的合同的法律程序，将最终的结果报送劳动行政部门予以审查。

（二）集体合同的终止

集体合同的终止，是指集体合同因约定事由（如集体合同到期）的出现，从而导致集体合同的法律效力消灭。依据上文所述，我国法律对集体合同的终止有明确规定。在实践中，集体合同的终止情形包括以下几个方面。

第一，因集体合同的有效期届满而终止。根据《集体合同规定》的规定，集体合同或专项集体合同期满前 3 个月内，任何一方均可向对方提出重新签订或续订的要求。如果在集体合同的有效期届满时，双方当事人均没有进行重新签订或续订的要求，那么集体合同将终止。

第二，因集体合同的目的实现而终止。集体合同所约定的义务，均得到全面的履行，集体合同订立的目的已经实现，从而导致集体合同的终止。

第三，因集体合同的依法解除而终止。依法解除的情形在上文已经叙述，这里不再赘述。

【案例与解析】

案例一：用人单位能依据未报劳动行政部门审查的集体合同解除与劳动者之间的劳动合同吗？

【案情】鲁吉因在外地的外公病危来不及向单位请假就回家了。一周之后，鲁吉回到公司正打算向公司说明原委，没想到却接到公司人事部的通知：从即日起他被解职了。原来，根据公司工会与公司签订的集体合同中第六条的内容："劳动者无故连续旷工五天，公司有权随时单方面解除劳动合同"，公司决定以鲁吉连续旷工一周为由单方面解除与鲁吉之间的劳动合同。鲁吉当然不服，认为没有上班是有原因的，虽然在程序方面自己存在过错，但单位的决定也太无情了，再说自己从来不知道公司还有所谓的集体合同一说。于是愤然向当地劳动争议仲裁委员会申诉。公司在答辩中向仲裁委出示了由工会主席和公司法定代表人双方签名的集体合同，并有职工代表大会对集体合同内容表决通过的记录，而这一切正是鲁吉不在公司期间发生的，但是公司还没有来得及将该集体合同报送当地劳动行政部门审查。对此，公司回答说，已经经过职工代表大会通过的集体合同从即日起就发生了法律效力，没有向劳动行政部门报送，只是欠缺相应的补办手续而已。请问公司的观点是否成立？为什么？

【解析】公司的观点不能成立。这是因为根据《劳动合同法》第五十四条第一款的规定："集体合同订立后，应当报送劳动行政部门；劳动行政部门自收到集体合同文本之日起十五日内未提出异议的，集体合同即行生效。"据此，在职工代表大会或全体职工审议通过之后，集体合同尚未发生相应的法律效力，仍然需要报送劳动行政部门进行审查，这是一个必经的法定程序，旨在由劳动行政部门对集体合同的协商主体、协商内容和协商程序的合法性进行审查。本案中，虽然集体合同已经订立并经职工代表大会通过，但是集体合同还没有履行相应的报送审查手续，因此集体合同还不能生效。基于此，公司的观点是错误的，公司不得依据还没有生效的集体合同解除与鲁吉之间的劳动合同。

案例二：劳动合同的内容与集体合同的内容相冲突。该怎么处理？

【案情】大石桥某矿业股份公司为了扩大公司的生产经营规模，新招聘一批矿工，从事野外开矿作业。公司与新招聘的矿工在劳动合同中规定：每天工作 8 小时，上下午各 4 小时；每月最低工资 3 000 元，外加野外作业津贴等。后来，新招聘的矿工发现，他们与老矿工的野外开矿作业待遇有点不同，原来老矿工根据公司与工会签订的集体合同的规定，在下午野外作业期间有 20 分钟间休时间，老矿工们可以喝口茶、抽袋烟，解解乏之类的，而新矿工却没有。于是他们与公司交涉，也要求一视同仁，也能享受 20 分钟的间休时间。不料，却遭到公司的拒绝，其理由是公司与工会签订的集体合同是在这批矿工进厂以前订立的，故并不适用于他们，并且提出在当时的集体合同中规定公司职工的最低工资是每月 2 500 元，而且还没有野外津贴。如果新矿工要适用该集体合同，那么集体合同中关于最低工资的规定以及不享有野外津贴的规定也要同样适用。双方之间对此发生争议，争执不下。请问：公司的说法能否成立？请简单说明理由。

【解析】本案中公司的说法不能成立。下面从两个方面来进行阐述。

(1)集体合同订立在先的，对后招录的劳动者同样适用。《劳动合同法》

第五十四条第二款规定，依法订立的集体合同对用人单位和劳动者具有约束力。据此，集体合同具有对人的效力和时间的效力。对人的效力体现集体合同的对人效力方面，不仅对合同的当事人产生相应的法律效力，而且对集体合同的关系人也产生一定的拘束力。这里的关系人是指无权订立集体合同却直接由集体合同获得利益且受集体合同约束的主体，即工会组织所代表的全体劳动者和用人单位团体所代表的各个用人单位，当然包括集体合同订立时的劳动者以及集体合同订立后新招录的劳动者。时间的效力不仅体现在集体合同的存续期限，还体现为集体合同的当期效力、溯及效力和余后效力。余后效力即集体合同存续期间对后订立劳动合同的劳动者具有法律约束力。因此，本案中公司认为集体合同是这批矿工进厂以前订立的，而并不适用于他们的观点是错误的。

(2)劳动合同中约定的劳动报酬和劳动条件的标准不得低于集体合同中规定的标准。《劳动合同法》第五十五条规定："集体合同中劳动报酬和劳动条件等标准不得低于当地人民政府规定的最低标准；用人单位与劳动者订立的劳动合同中劳动报酬和劳动条件等标准不得低于集体合同规定的标准。"由此可见，集体合同具有劳动基准法的性质，其规定的是劳动者所应当享有的最起码的劳动报酬和劳动条件。如果用人单位和劳动者在劳动合同中约定的劳动报酬和劳动条件的标准低于集体合同中规定的标准，那么应当按照集体合同约定的标准执行，这包括集体合同中规定的某个劳动条件，而劳动合同却没有约定这个劳动条件，那么此时应当适用集体合同中有关这个劳动条件的规定；反之，用人单位和劳动者在劳动合同中约定的劳动报酬和劳动条件的标准高于集体合同中规定的标准，则应当适用劳动合同中约定的标准。因此，本案中劳动合同中约定的新招聘矿工的工资标准高于集体合同规定的标准，那么应当适用劳动合同中的约定。对于劳动合同没有约定的劳动条件即下午野外开矿作业 20 分钟的间休时间，集体合同中进行了规定，应当适用集体合同中这一规定。

案例三：用人单位没有签订行业性集体合同，劳动者能否依据该合同要求用人单位履行义务？

【案情】 某市制药业行业工会是该市制药业的行业性工会，其工会主席与该市制药业行业协会协商，为了保护劳动者的身体健康权，体现出制药业用人单位对从事制药业的劳动者的人身关怀，制药单位能否给予本单位的劳动者每年两次健康检查，这一建议得到行业协会的积极回应。双方分别选举出各方的集体协商代表，并签订专项的行业性集体合同，规定该市制药单位每年给予本单位劳动者两次免费健康检查，两次健康检查的时间分别为每年的7月份和12月份，具体时间由各单位自行确定。该集体合同签订后，立即报送该市的劳动行政部门审查备案，该市劳动行政部门在接到该行业性集体合同之后，一直未予答复。

昌建军为该市新光制药厂的药剂师，与制药厂签订了无固定期限劳动合同。由于长期处理各种药剂，昌建军总是感觉身体存在某种不可名状的不舒服。当得知该市存在制药单位有义务给职工进行两次免费健康检查的行业性集体合同之后，昌建军要求新光制药厂为其提供一年两次的免费健康检查要求，但遭到新光制药厂的拒绝，其理由是该市劳动行政部门没有审批，该行业性集体合同还没有生效。同时，新光制药厂的法定代表人也没有在该集体合同上签字，该集体合同对新光制药厂不适用。请问：新光制药厂的说法是否合理？为什么？

【解析】本案涉及两个问题：一是行业性集体合同是否已经生效；二是行业性集体合同对行业性的用人单位是否具有普适性。下面分别回答之：(1)行业性集体合同生效时间问题。对此，《劳动合同法》第五十四条第一款规定："集体合同订立后，应当报送劳动行政部门；劳动行政部门自收到集体合同文本之日起十五日内未提出异议的，集体合同即行生效。"据此，我国《劳动合同法》仅仅规定了集体合同生效的时间问题，而没有单独规定行业性集体合同的生效时间问题。行业性集体合同是集体合同中的一种，其生效时间在没有法律特别规定的情况下，应当适用集体合同关于生效时间的规定。因此，本案中的行业性集体合同在报送该市的劳动行政部门之后，虽然没有作出明确的答复，但是因劳动行政部门在收到行业性集体合同文本之日起15日内没有提出异议，那么该行业性集体合同已经生效。基于此，新光制药厂以该市劳动行政部门没有审批行业性集体合同为由而认为合同还没有生效的说法不能成立。(2)行业性集体合同普适性问题。本案中的行业性集体合同是由该市的制药业行业工会和制药业行业协会分别选举出协商代表进行集体协商确定的，集体合同订立的过程和内容均符合法律的规定，根据《劳动合同法》第五十四条第二款规定："依法订立的集体合同对用人单位和劳动者具有约束力。行业性、区域性集体合同对当地本行业、本区域的用人单位和劳动者具有约束力。"因此该制药业行业性集体合同对该市制药业的用人单位和劳动者具有约束力。由此可见，虽然新光制药厂没有在该行业性集体合同上签字，但该行业性集体合同对其仍具有约束力，因此新光制药厂应当履行该行业性集体合同中规定的义务。

第七章　非全日制劳动用工与劳务派遣

非全日制用工与劳务派遣是目前劳动合同法理论与实务研究中的两个焦点。首先，由于用工单位内部员工构成存在明显不同，原有员工同非全日制用工劳动者和被派遣劳动者存在矛盾，使得他们的权益保障起来十分困难。其次，由于非全日制用工劳动者和被派遣劳动者在地位上的弱势，自己主张权利的可能性很低，也为保护他们的权利带来障碍。

第一节　非全日制用工概述

一、非全日制用工的概念

非全日制用工，是与传统全日制用工相对的一个概念，主要区别在于日工作时间。一般来说，全日制工作时间要长于非全日制工作。在实践中，非全日制用工也称为小时工。

在我国，非全日制用工形式出现的较晚，是随着社会主义市场经济的不断发展而出现的，目前非全日制用工形式广泛存在于餐饮、超市、社区服务等领域。非全日制用工以用工形式灵活、便捷，能够同时适应用人单位灵活用工和劳动者自主择业的实际需要，已成为促进就业的重要途径。

虽然非全日制用工业已广泛存在，但在现实生活中因为非全日制用工的劳动者在地位上与用人单位存在严重的不均衡，这就导致双方间存在大量纠纷。同时，因为我国现有的劳动法律体系对非全日制用工规定不够清晰，非全日制用工劳动者的合法权益就更加难以得到保障。

二、非全日制用工特征

第一，一般情况下，以劳动小时数为计算工资的标准。若劳动者与用人单位协商一致，也可以采取其他计算劳动报酬的方式。

第二，非全日制用工的工作时间较全日制用工的工作时间相对少得多，而且我国法律也未对非全日制用工的劳动时间作出严格规定。按照我国现行《劳动法》规定，全日制用工每日工作时间不得超过8小时，平均每周工作时间不得超过四十四小时，非全日制用工在同一用人单位工作时间不得超过4小时，每周累计工作时间不超过24小时。

第三，非全日制用工的劳动关系可能存在着双重甚至多重的劳动关系。我国《劳动合同法》规定，非全日制用工的劳动者可与一个或多个用人单位订立劳动合同。劳动合同在时间上存在先后顺序，后订立的不得影响先订立的。

三、非全日制用工合同

（一）非全日制用工合同形式

我国法律规定非全日制用工的合同形式可区别对待。非全日制用工的合同形式一般应采用书面合同形式，劳动合同期限在一个月以下的，用工双方可以采取口头协议形式。在实践中，非全日制用工采取的形式往往根据双方协商而定，可以采取口头的，也可以采取书面的。

（二）非全日制用工合同的内容

我国现行《劳动合同法》对非全日制用工合同的内容没有具体规定。我国2003年发的《关于非全日制用工若干问题的意见》认为非全日制用工劳动合同的内容原则上由双方协商确定，一般应包括工作时间和期限、工作内容、劳动报酬、劳动保护和劳动条件五项必备条款。

从我国《劳动合同法》关于非全日制用工合同的相关条款之中，我们可以看到《劳动合同法》对非全日制用工合同的内容也进行了相应规定，这主要体现在以下几个方面：

第一，工作时间。我国《劳动合同法》对非全日制用工劳动合同的工作时间上限做了要求，上文已经说明。具体的工作时段，双方应进行协商确定。

第二，劳动报酬。我国《劳动合同法》第七十二条第一款规定，非全日制用工小时计酬标准不得低于用人单位所在地人民政府规定的最低小时工资标准，用人单位且需要按时足额支付工资。关于非全日制用工的小时最低工资标准应当执行我国2003年制定的《关于非全日制用工若干问题的意见》相关意见，“非全日制用工的小时最低工资标准由省、自治区、直辖市规定，并报劳动保障部备案。确定和调整小时最低工资标准应当综合参考以下因素：当地政府规定的月最低工资标准；单位应缴纳的基本养老保险费和基本医疗保险费（当地政府规定的月最低工资标准未包含个人缴纳社会保险费因素的，还应考虑个人应缴纳的社会保险费）；非全日制劳动者在工作稳定性、劳动条件和劳动强度、福利等方面与全日制就业人员之间的差异。小时最低工资标准的测算方法为：小时最低工资标准＝[（月最低工资标准÷20.92÷8）×（1＋单位应当缴纳的基本养老保险费和基本医疗保险费比例之和）]×（1＋浮动系数）"。在具体支付形式上，一般由劳动者和用人单位协商确定，法律不进行过多干涉。

第三，关于合同期限。关于非全日制用工合同的期限问题，考虑到非全日制用工的短期性、灵活性的特点，《劳动合同法》对此没有明确规定。从实践的角度讲，双方对劳动期限没有约定的，视为不定期合同。同时，即使双方已经约定了期限，鉴于非全日制合同的特点，双方当时人都随时能够通知对方终止。

第四，关于社会保险。我国《劳动合同法》对非全日制用工的社会保险问题没有进行规定，具体可以参照《关于非全日制用工若干问题的意见》。在养老保险方面，非全日制工作的劳动者应当参照个体工商户的参保办法执行，已参加过和建立基本养老账户的，前后缴费年限合并计算，跨统筹地区转移的，应办理基本养老保险关系转移。在基本医疗保险方面，非全日制工作的劳动者可以个人身份参加，并根据自己的收入水平进行缴费。工伤保险方面，用人单位应根据国家有关规定为非全日制劳动者缴纳费用。发生工伤时，标的额较小的可直接享受工伤保险待遇，涉及伤残标的额较大时，经劳动者与用人单位协商一致，可一次性结算。

（三）非全日制用工合同的终止

我国《劳动合同法》对非全日制用工合同的终止做了规定，"非全日制用工双方当事人任何一方都可以随时通知对方终止用工。终止用工，用人单位不向劳动者支付经济补偿。"因此，除非全日制用工合同的双方当事人有约定外，任何一方当事人都可随时终止合同。有约定的，需要双方提供相应地证据予以证明。

四、非全日制用工的管理与服务

非全日制用工是灵活就业的主要方式，各级劳动保障部门要高度重视，从保护劳动者权益的角度，建立一定的制度规范非全日制用工劳动关系。

各级劳动保障部门要切实加强劳动保障监察执法工作，对用人单位克扣和拖欠工资的行为，应当严肃查处。各级社会保险应当为非全日制用工开设专门的窗口，采取方便劳动者缴费和转移手续的制度方便劳动者。各级公共职业介绍机构要积极为从事非全日制工作的劳动者提供档案保管、社会保险代理等服务，推动这项工作顺利开展。

五、非全日制用工的劳动争议

非全日制用工劳动者与用人单位因履行合同引发劳动争议，按照前文所述国家劳动争议处理规定执行以外，即在劳动争议发生后60日内双方当事人均可以向劳动争议仲裁委员会提起仲裁，如果对劳动争议仲裁委员会的仲裁裁决不服的，任何一方均可以依法向人民法院提起诉讼。但是，需要注意的是劳动者直接向其他家庭或个人提供非全日制劳动的，当事人双方发生的争议不适用劳动争议处理规定。

第二节　非全日制用工劳动者的权益

国际劳工组织曾对非全日制用工作出了明确规定，认为应切实加强非全日制工人的权益保护。具体来说，非全日制工人应有以下方面的权利：

(1)组织权利、集体谈判权利和担任工人代表的权利；

(2)职业安全和卫生；

(3)免受就业和职业歧视；

(4)同等条件下劳动应得到的其他权利。

综合国际劳工组织第175号公约规定，可以发现，对于非全日制劳工的保护，确立了不得歧视原则：即一方面不得以从事非全日制工作为由，对非全日制劳工的雇佣条件低于从事类似工作的全日制劳工；另一方面，在适当情形下，应采取比例原则。

一、平等待遇之权利

平等，是劳动者从事劳动的一项基本权利。在非全日制用工中，问题最多最严重的就是歧视问题。对此，国际劳工组织第175号公约第4条明确规定，各国应采取措施保证非全日制工人在就业和职业歧视方面得到与全日制工人相同的保护。平等是一项基本人权，人类不因从事各种职业的不同而受到歧视。我国法律规定劳动者具有同工同酬的基本权利。其他国家也有相似规定，其中以德国最为典型。德国《非全日制劳动与定期劳动契约法》第4条第1项规定，雇主对于非全日制劳动者为较全日制劳工之不利对待，仅于具有实质上理由时，始得为之。对于非全日制劳动者的工资或具有金钱价值之可区分的给付，雇主至少应依照全日制劳工之比例为之。该法第5条规定，雇主不得因劳工主张本法所规定之权利，而加以歧视待遇。该法第6条规定，雇主对于劳工不论其是否为具有督导权的职员，应尽量依照本法之规定，促成其非全日制工作愿望的实现。所谓实质上的理由，系指不是因为工作时间，而是因为工作能力、资格、工作经验、社会状况、工作位置不同的要求等。

二、非全日制劳动者的工资与福利

(一)劳动报酬问题

关于劳动报酬的问题，我国的规定在前文已经有过阐述。根据我国法律的发展趋势，我国还将要借鉴其他国家的法律制度，从单独制定个别工资制度，走向与全日制员工相同的统一工资制度。

(二)加班费问题

依据德国和欧盟规定，虽然从事非全日制工作的劳动者一般并不希望加班工作，但一旦实际工作时间超过劳动合同中约定的工作时间，即加班成为事实的情况下，非全日制劳动者有请求用人单位支付加班费的权利。[①]

台湾地区学者认为，如在非全日制劳动契约已约定应加班与超时(或延时)工作，则劳动者当然有履行的义务。如在契约中未约定，则依据学者之通说，由劳动者缔结非全日制工作可推知，非全日制劳动者并不准备加班与逾时工作。至于加班费方面，通说认为：只有在非全日制劳动者超过法律所规定或企业所规定之工作时间时，才有加班费请求权。但也有学者认为，对于固定型非全日制用工，加班费计算的起点应自超过原约定工时起计算。

我国《劳动法》没有对非全日制用工的加班有单独规定，因此有一个如何适用的问题。对于延长工作时间的非全日制劳动者来说，那么，只要超过约

---

① 李援.《中华人民共和国劳动合同法》解读与适用.北京：人民出版社，2007，第205页

定的工作时间，就视为加点，应当享受加点工资待遇。如果属于变动型的非全日制用工，在加班费计算上，可以考虑以一定时间内（如每周、每月或每年）的平均工作时间为基准，当实际工时超过此一基准时，就应支付其加班费。至于休息日加班问题，我国法律的基本精神是要求劳工双方共同协商确定。

关于法定节假日问题。非全日制工作涉及：第一，非全日制劳工是否有权在法定节假日休息？第二，倘若给假，应否给予非全日制工作劳动者法定节假日工资？第三，如若要求非全日制劳工于法定节假日工作，应否支付3倍工资问题？这些问题，对于一般劳动者或者说全日制劳动者来说，并不成其为问题，因为《劳动法》及相关法律对此做了明确规定。但是，对于非全日制劳动者来说，则并无明确规定，这就带来了适用上的问题。

关于非全日制劳动者的福利问题，前文已经有所叙述，这里不再赘述。

三、非全日制用工劳动者的团结社权

组织、结社、集体谈判与集体争议权是劳动者的重要权利之一。国际劳工组织第175号公约第4条明确规定，应采取措施保证非全日制工人在下列各方面得到给予可比全日制工人同样的保护：组织权利、集体谈判权和担任工人代表的权利；……各国立法也确立了劳动者的团结权。然而，在实践中，这一权利的实现，在现实中存在严重的障碍。以参与工会为例，由于存在全日制与非全日制之分，从事全日制工作的劳动者对从事非全日制工作的劳动者天然存在抵触情绪，认为非全日制工作的存在威胁到他们职业安全的可能性，因而不愿意非全日制工人参与他们的工会组织；工会本身也不愿代表非全日制劳动者进行集体谈判协商。在国外，雇主更是经常利用非全日制工作劳动者来妨碍工会的筹建，甚至在谈判过程中特别雇用他们（非全日制工人）来迫使劳方让步，以达到破坏工会运动之目的。在此情形下，非全日制工人无法寻求工会组织来保护他们的利益。

在我国，虽然法律规定每一个工人有参加工会组织的权利，工会有权维护职工的权益。但是，鉴于从事非全日制工作工人的分散性、流动性强的特点，工会很难将他们组织起来。这就为现行工会组织的组建、工作方式、工作策略等提出了新的要求。

四、非全日制与全日制的转换问题

《欧盟非全日制工作指令》第5条第2款规定：如果劳动者拒绝从全日制劳动关系转换为部分时间劳动关系或者相反之情形，不得作为有效的终止劳动契约之事由；但雇主仍得基于法律、团体协约之规定以及该国之习惯等原因，例如以企业上之必要性为由，而宣告终止劳动契约。第 3 款规定：如果可能的话，雇主应该对于全日制劳动者申请转换至已存在企业体内之部分时间劳动关系，予以考虑；对于非全日制劳动者申请转换成全日制劳动关系或增加其工作时间者，如果存在此可能性，予以考虑；为助成全日制劳动关系转换成非全日制劳动关系或者相反之情形易于实现，提供关于存在于企业体内之非全日制工作位置或全时工作位置之信息。

依据德国《非全日制劳动与定期劳动契约法》第 8 条及第 9 条规定，劳动者对其工作时间的缩短或延长具有请求权，雇主对劳动者之请求，除非基于经营上的合理考虑，否则应予以同意。工作时间转换请求权包括非全日制转换成全日制、全日制转换成非全日制。该法第 11 条规定，雇主不得因劳工拒绝从全时工作转换为部分时间工作或从部分时间工作转换为全时工作而予以解雇，违反者，其解雇无效。唯雇主基于其他原因所得为之解雇行为，不受影响。

我国《劳动法》、《就业促进法》对此内容缺乏规定，形成法律空白。因此，有待立法完善之。

五、职业培训权利

德国《非全日制劳动与定期劳动契约法》第 10 条规定，雇主应用心考虑非全日制劳动者参加在职训练及深造的机会，以促成其职业生涯的发展及移动性。唯在具有急迫的企业的经营因素或有其他部分时间劳动者有意争取在职训练及深造的机会时，不在此限。

在比较非全日制劳工与全日制劳工所受职业训练之间的差异时，OECD 认为应严格界定年龄的范围，故在其资料中可看到这一部分的比较都是限制在 25 岁至 54 岁之间的劳动者，这是因为太年轻的非全日制劳动者，其工作的目的大多是为了未来的教育或就业做准备。

美国国家教育统计中心在 2005 年进行的“国际成人能力调查”曾针对全日制劳工与非全日制劳工所受之职业训练做过调查，内容涉及“职业相关训练”与“雇主所提供之训练”，分别就性别、年龄、教育程度等个人特性，比较全日制劳工与非全日制劳工所受的职业训练之多寡。其中“职能相关训练”是指劳动者本职技能的自我提升训练，而“雇主所提供之训练”偏重于雇主出资所提供之在职技能养成教育。

从调查数据来看，无论“职业相关训练”或“雇主提供之训练”，非全日制劳工较全日制劳工接受较少的职业训练，其中非全日制劳工仅有 30％接受过“职业相关训练”，23％的接受过“雇主提供之训练”，全日制劳工曾接受过职业训练的比重则为37％与36％。而且发现“雇主提供之训练”较“职业相关训练”为大，这说明了非全日制劳工与全日制劳工接受职能训练的意愿差距不大，但非全日制劳工获得的来自雇主出资的技能养成训练却不如全日制劳工，表明雇主对非全日制劳工与全日制劳工所提供的工作技能训练在程度上是有差异的。若就年龄与教育水平来看，可发现“职能相关训练”中，以年纪较轻、大学或以上程度的劳工，无论是非全日制劳工还是全日制劳工，所受职业训练较多。在“雇主提供之训练”方面，大学或以上程度所受的训练亦较多，但在年龄方面则不明显。

另外，欧洲劳动力调查的调查结果亦支持类似的结论，非全日制劳工所能获取的职业训练机会，远较全日制工作劳动者的少。以女性工作者而言，除了匈牙利与爱尔兰外，其余9个国家的女性非全日制劳工所受的职业训练较全日制劳工至少低25％以上。就男性而言，亦有3个国家(丹麦、芬兰、荷兰)有类似状况，丹麦及芬兰甚至只及全日制劳工所受职业训练的1/3；但德国、匈牙利、爱尔兰的男性部分工时者较全日制劳工所受职业训练却较多，何以如此，原因尚不明确。

我国《劳动法》、《就业促进法》皆规定了劳动者享有职业教育与培训的权利。但是，《劳动合同法》并未涉及非全日制劳动者的具体权利。就实践情况而言，由于非全日制工作劳动者存在职业稳定性差的因素，用人单位一般不愿对非全日制工作职工在职业培训方面做过多的投入，加之非全日制工作大多涉及的是一些低技能方面的岗位，从事这类工作的劳动者也不注重技能的培训与提高。因此，非全日制劳动者享有的职业教育与培训的权利往往成为“空置”或者“摆设”，这对于非全日制工作的劳动者来说是非常不利的。

除了上述非全日制劳动者应享有的权利外，从法理上说，非全日制劳动者基于宪法赋予的平等权，应在一切方面享受与全日制用工相同的权利。

第三节　劳务派遣法律制度

一、劳务派遣概述

(一)劳务派遣的含义

国际劳工组织未直接对劳务派遣行为进行定义，但1997年国际劳工组织第181号公约《有关私营就业服务机构公约》第1条描述私营就业服务机构的职能之一是:"雇佣工人的服务,目的是使这些工人可供第三方使用,第三方可能是自然人或者法人(以下称用人企业),他们给工人分配任务并监督这些任务的执行。"这里国际劳工组织首次扩大了私营就业服务机构的行为范围,规定其可以作为服务的提供者,雇用工人供第三方使用。公约打破了传统雇佣关系中用人单位直接雇佣劳动力、就业服务机构仅仅从事就业介绍和求职介绍服务的局面,形成了一种包括了一个服务提供者、一个用人企业和一个临时工人的三方就业关系。在此,国际劳工组织将被派遣劳动者视为私营就业服务机构的临时雇员,规定其应当享有劳动法和社会保障法的相关保护性;第 188 号建议书《有关私营就业服务机构建议书》明确规定了被派遣劳动者的基本劳动权和相关法律保障措施。

大陆法系国家和地区也有关于劳务派遣的含义。《德国员工出让法》第 1 条规定,员工出让是指雇主(出让方)以经营形式将自己雇用的劳动者(借用员工)提供给第三方(借用方)使用,由借用员工向第三方提供劳务;《法国劳动法典》第 L124—1 条规定,临时工作承包,即将其依照约定资格招聘并为此给以报酬的受薪雇员交由用工者临时安排工作;1986 年施行的《日本劳动派遣法》第 2 条规定:"派遣劳动,谓将自己雇佣之劳工,于该雇佣关系下,接受他人之指挥命令,为该他人从事劳动,但不包含与他人约定由其雇佣该劳工在内。"欧盟在综合大多数成员国法律规制的特点,界定"劳务派遣的定义是:一个临时机构的工人被该临时工作机构雇佣,然后通过一个商业合同租赁到用人企业从事劳动"。

我国有关劳务派遣的称谓并不统一。在实务和理论上,有人才派遣、人才租赁、劳动派遣(labor dispatching)、临时机构工作(temporary agency work)、临时工作(temporary work)、临时帮助工作(temporary help work)、雇员租赁(employee leasing)等;在立法上,我国劳动与社会保障部于 2003 年通过的《关于非全日制用工若干问题的意见》和《劳动合同法》将其称为"劳务派遣",其三方主体分别为派遣单位、被派遣劳动者和用工单位。劳务派遣是指劳动者由专门设立的、以营利为目的的单位招聘,并以雇主的名义向劳动者支付工资、提供相关福利,将劳动者分派到第三人处,由该第三人负责安排劳动者的工作和监督劳动者劳动的就业关系。在此,专门委派劳动者的主体称为"派遣单位",负责安排并监督劳动者劳动的主体称为"用工单位",被专门机构委派的劳动者称为"被派遣劳动者"。

(二)劳务派遣的基本特点

劳务派遣,尽管立法模式不同,概念差异较大,但其基本特点主要有以下几个。

1. 雇佣模式具有三方主体

传统雇佣关系通常由雇主和雇员共同构成，用工者直接地、完整地行使对劳动者的雇佣权。而在劳务派遣中，使用雇员提供劳动的主体和招募、支付工资的主体分别是两个独立的实体；传统的就业服务机构进入了雇佣关系之中，与用工单位共同行使雇主职能。用工单位接受劳动者的服务，但不直接雇佣他，而是由一个专门的服务机构雇佣，用工单位只对其提供的劳动产品进行监督和检验；服务机构招募、考核工人的目的是将其委派到用工单位工作，服务机构并无工作岗位，该服务机构是劳动者的临时工作机构，其活动内容就是将招用、登记的劳动者委派（派遣）到用工单位提供劳动。

2. 传统雇主职能由派遣单位、用工单位共同行使

与其他三方就业关系的基本区别是，派遣单位、用工单位均对被派遣劳动者行使部分雇主职能。派遣单位招聘和考核劳动者，对其支付工资、社会保险费以及其他福利，安排派遣事宜；用工单位提供具体的劳动岗位、指挥监督工人劳动。如果派遣单位或者用工单位没有真正行使该方面的权能，该用工方式就不是法律上的派遣劳动。

3. 被派遣劳动者在用工单位的工作是临时性的

劳务派遣最初是为了满足用工单位临时用工需求的手段。市场经济国家的劳动法反映工业革命之后大机器集中生产的要求，规定雇主对工人的雇佣应该是无固定期限的雇佣，加强了对劳动者的保护。雇主因为雇员休假或者临时增加工作任务而出现用工短缺的情形，只能通过在职员工的加班、雇用有固定期限的工人、雇用非全日制部分的工人或者通过临时工作机构雇用工人解决。与解决这个问题其他方案，通过临时工作机构派遣用工，节约了用工单位招聘、考核、管理雇员以及解雇雇员的成本。

4. 劳务派遣是劳动力商品化的表现

劳动力与劳动者的人身不可分离，不得作为他人买卖或者租赁的标的。这是国际劳工组织确立的基本原则之一。劳务派遣的实质是派遣单位将被派遣劳动者有偿提供给用工单位。派遣单位作为营利性的服务机构，因为劳动力的出让而获利，被派遣劳动者的劳动力成为派遣单位营利的商品。

(三)劳务派遣与类似用工行为的区别

1. 劳务派遣与劳务承揽

我国《合同法》第 251 条规定,承揽合同是指承揽人按照甲方的要求完成工作,交付工作成果,定作人给付报酬的合同,劳务承揽只是其中的一项内容。因此,劳务承揽与劳务派遣在对雇员的雇佣关系上,存在一定的相似性,即都对劳动者存在雇佣关系。其区别在于第三方是否对劳动者承担雇主责任。劳务派遣的用工单位对劳动者存在一定的雇主责任,而在劳务承揽中,委托方与劳动者不存在雇主关系。

劳务派遣和劳务承揽的区别还体现在适用范围上。我国法律对劳务派遣的资质和适用范围作出了一定的限制,而劳务承揽关系,在法律上没有严格的限制。在法律上区分劳务派遣和劳务承揽的意义就在保护劳务派遣之中的劳动者。

2. 劳务派遣与传统就业服务

前文提及了一些传统就业服务与劳务派遣之间的区别,这里再做详述。

传统就业服务,是指服务机构为求职者和用工者提供信息、促进二者之间达成用工协议,在劳动者与用工者之间建立就业关系后,服务机构即刻终止与求职者和用工单位之间的合同关系。作为盈利性的中介机构,就业服务机构向委托人收取一定佣金,不对劳动者承担任何劳动风险和雇主责任,劳动风险由用工单位全部承担。因此,劳务派遣与传统就业服务的区别主要表现为:劳务派遣由三方主体组成,派遣单位在劳动者与用工单位之间建立用工关系,一直维持与劳动者的劳动关系;传统就业服务关系的主体只有两方,服务机构接受劳动者或者用工者的委托,在劳动者与用工者之间建立工作关系时,服务机构即终止服务。

由于传统就业服务范围正逐渐扩张,劳务派遣作为盈利机构逐渐被政府机构认可,在法律上区分传统就业服务和劳务派遣对于劳动者来说意义重大。首先,法律应当要求派遣主体具备特定的资质,并在营业执照中载明其从事劳务派遣的业务。其次,劳务派遣机构将劳动者外派到实际用工单位时,必须签订书面的劳动合同或者履行书面的告知义务,明确职工的劳务派遣身份。再次,劳务派遣机构在招募雇员时应该在劳务合同中明确三方的法律关系及三方具体应承担的权利和义务。

（四）劳务派遣对传统劳动保护制度的影响

1. 承担保护义务的主体不明确

在典型雇佣状态下，法律只需解决雇员的判断标准，与雇员相对的一方即为雇主，承担法定保护责任。在派遣用工模式下，被派遣劳动者同时在派遣单位和用工单位的安排下从事劳动，应明确谁应对自己承担雇主责任以及二者的责任分配问题。

2. 被派遣劳动者的职业稳定、职业发展难以实现

用工单位使用被派遣劳动者的时间短暂，被派遣劳动者的工作地点变动异常，传统的解雇保护制度无法落实，被派遣劳动者的职业活动内容不稳定，其职业培训、职业发展无法保障。

3. 被派遣劳动者团结权和集体谈判权难以实现

由于属于同一派遣单位的工人被分派到各用工单位工作，他们之间的利益联系较弱，团结协商的必要性不强；被派遣劳动者在用工单位与其正规雇员一同工作，参与其工会的要求强烈，但名义上，被派遣劳动者却不属于用工单位的雇员；而且，由于被派遣劳动者较低的使用成本，客观上对用工单位正规雇员具有一定的冲击，用工单位雇员工会对被派遣劳动者本身存在一定的抵触。

4. 被派遣劳动者工作场所的劳动保障受到极大挑战

雇员的安全卫生保障包括安全卫生的工作环境以及安全卫生事故的赔偿责任。被派遣劳动者名义上属于派遣单位的雇员，由派遣单位为其缴纳工伤保险费，一旦发生工伤事故，其责任主体一般是派遣单位；被派遣劳动者的工作场所由用工单位提供，提供安全、卫生工作环境的义务主体应该是用工单位。“义务”和“责任”的脱节，不仅会导致用工单位对被派遣劳动者安全的漠视，而且会危及安全卫生制度的基础。

5. 派遣用工会动摇正规雇佣

相对于正规雇佣，派遣用工方式给用工单位带来诸多利益：给予其用工灵活性，使用工单位可以应对不断变化的市场；降低雇佣成本，包括免除招聘、考核成本，解雇成本；避免雇员工会活动及集体谈判方面的烦恼；通过派遣使用廉价的技术工人等。这些低廉而实用的被派遣劳动者，一方面会降

低用工单位雇用正规雇员的积极性；另一方面也可能替代用工单位的正规雇员。

6. 派遣用工可能降低劳动者的整体素质

用工单位从成本和便利的角度出发，尽量使用被派遣劳动者，被派遣劳动者与用工单位联系的暂时性导致了企业缺乏训练工人技能的动因；从工人的角度看，因为缺乏与某一用工单位的固定关系和稳定的职业活动，他们无法对自己的职业发展进行长远规划和训练，也缺乏稳定的职业培训机会。

二、被劳动者的法律地位及“雇主责任”分配

(一)被派遣劳动者的法律地位

1. 从属劳动的认定标准

从属劳动是雇佣劳动的基本特点，其认定标准可以分为理论上的认定标准和法律上的认定标准。

在理论标准方面，从属劳动者在工作事务上缺乏自主性，表现在有关工作时间、工作内容、完成工作任务的方式等方面完全由劳动受领人决定，特别是工作的内容、工作方式方面完全由其上级领导决定，没有个人意志的参与。劳动者(除了包含一定技能的劳动力外)不拥有从事生产经营的其他物质基础。劳动者在约定的工作时间内必须服从雇主的安排提供有效的劳动，并获得相应的劳动报酬，至于具体的工作内容、工作方式，完全服从雇主的指挥。在心理上，劳动者依赖于雇主。劳动者进行劳动主要目的是为了维持本人及家庭生活的需要。劳动者同时还缺乏风险转移的能力，即在劳动过程中劳动者直接承担意外伤害风险。因为劳动者的劳动环境、劳动工具、设备等均由用人单位提供，劳动者对以上劳动要素的安全性没有主动权，所以保证劳动者在工作过程的身心安全和健康是用人单位的基本义务。

我国法律对从属劳动的标准认定是:“从属劳动”的标准是:用人单位依法制定的各项劳动规章制度适用于劳动者，劳动者受用人单位的劳动管理，从事用人单位安排的有报酬的劳动；劳动者提供的劳动是用人单位业务的组成部分。从实践中看，我国对从属劳动的判定标准主要包含四个要素:劳动者遵守规章制度、服从用人单位的安排、接受管理和“劳动者从属的劳动

是用人单位业务的组成部分”。

2. 被派遣劳动者具有从属劳动者的身份

在派遣用工模式下，劳动的控制权和依赖性具有自身特点，对被派遣劳动者行使劳动控制权的单位有派遣单位、用工单位。不过，派遣单位与用工单位在控制权的内容上是不同的。

从控制权的角度，派遣单位和用工单位共同行使对被派遣劳动者的控制权。派遣单位一般行使派遣劳动者的考核与招聘权，根据工作状态支付工资和社会保险费，并决定劳动合同的期限及其解雇问题。根据大陆相关立法，禁止用工单位事先进入被派遣劳动者的招聘活动中，要求被派遣劳动者接受面试或者提交履历表，决定工人的聘用①；或者规定用工单位事先介入者，认定派遣单位作为传统劳务中介活动，即“如果雇主将雇员出借给第三方，让雇员向第三方提供劳务，自己(出界方)不再承担其余的雇主义务和风险，则推定该雇主从事的是劳务中介活动”。美国法院根据派遣单位、用工单位和被派遣劳动者三方关系的实质内容判断派遣单位是否作为被派遣劳动者的雇主，对于没有实质控制权的派遣单位将不作为雇主对待，即如果用工单位对“被派遣劳动者”行使完全的控制权，派遣单位仅仅作为“被派遣劳动者”的工资、社会保险支付主体，没有实质的控制权，被派遣劳动者与用工单位正规雇员唯一的差别在于其工资、社会保险支付主体不同，这时用工单位就是“被派遣劳动者”的单一雇主。

用工单位安排被派遣劳动者的工作任务，指示其劳动。《日本劳动派遣法》第 2 条明确规定，劳动派遣的积极要件为，将自己雇佣之劳工派遣至他人处接受他人之指挥命令，为他人之目的而从事劳动；其消极要件为，不包含派遣单位与要派机构约定，由要派机构雇用该派遣劳工。日本还通过立法或者授权中央主管机构制定相关规定，区别劳动派遣与类似用工形式，包括“劳动者供给”、“在籍出向”、“职业介绍”、“承揽”等。《德国雇员出让法》规定，派遣单位与被派遣劳动者之间存在无固定期雇佣关系，用工单位违法利用派遣劳工的行为须承担相应的刑事及民事责任(在用工单位与被派遣劳动者之间拟制劳动合同关系)。该法还对派遣单位实现严格监管，以避免伪派遣行为。《法国劳动法典》规定，劳务派遣单位是指其“专一活动是将其依照约定资格招聘并为此给以报酬的受薪雇员交由用工者临时安排工作的一切自然人或者法人”。该法同时规定，用工单位只能在下列情形下使用派

---

① 邱祈豪．台湾劳动派遣法制化之研究．台北：台湾致良出版社有限公司，2003，第 273 页

遣企业的临时雇员，即用工单位的永久雇员临时缺勤、企业活动临时增加或者其他具有临时性特点的工作。

被派遣劳动者必须是用工单位的临时工人。用工单位不直接雇用工人，而是通过一个就业服务机构雇用后委派到用工单位从事临时性工作，最初的目的主要是为了替代雇员的临时短缺和满足企业对特殊技能工人的需求。劳动者从一个用工单位到另一企业，不断变更工作地点，唯一相对稳定的是与派遣单位的关系。从这一角度出发，法律规定工人与派遣单位之间签订雇佣合同。所以，用工单位不直接雇用工人的唯一理由应该如此，劳务派遣不能作为用工单位逃避雇主责任的方式。在法国、日本的劳务派遣法律中均有派遣期的限制，并规定超期使用被派遣劳动者将导致用工单位与被派遣劳动者之间直接存在雇佣关系；2002 年以前《德国雇员出让法》中也有明确的要求，之后的法律在规定了被派遣劳动者与用工单位工人的同等待遇原则后取消了这一限制。我国《劳动合同法》第 66 条规定，劳务派遣一般在临时性、辅助性或者替代性的工作岗位上实施。为了更进一步明确“临时性”、“辅助性”、“替代性”的含义，2013 年修订的《劳动合同法》规定：“前款规定的临时性工作岗位是指存续时间不超过六个月的岗位；辅助性工作岗位是指为主营业务岗位提供服务的非主营业务岗位；替代性工作岗位是指用工单位的劳动者因脱产学习、休假等原因无法工作的一定期间内，可以由其他劳动者替代工作的岗位。”

我国《劳动合同法》第 58 条规定，劳务派遣单位是本法所称用人单位，应当履行用人单位对劳动者的义务。劳务派遣单位与被派遣劳动者订立的劳动合同，除应当载明本法第 17 条规定的事项外，还应当载明被派遣劳动者的用人单位以及派遣期限、工作岗位等情况。

（二）“雇主责任”分配

劳务派遣关系中传统雇主的职能被分割。雇主的劳动保护义务和责任如何在派遣单位和用工单位之间分配是劳务派遣法律面临的根本问题，也是决定不同劳务派遣法律规制模式的核心要素。对此，出现了“单一雇主”模式和“联合雇主”模式。前者以德国、法国、日本等大陆法系国家为代表，后者以美国为代表。

1.“单一雇主”模式

“单一雇主”模式法律拟制派遣单位作为被派遣劳动者法律上的雇主，承担主要的“雇主责任”。同时，法律明确列举用工单位的劳动保护义务，主要涉及工作场所的安全与卫生义务。如欧盟《有关补充改善定期劳动契约工或者派遣劳工之安全与卫生保护之指令》第 3 条规定用工单位的相关义务包括：①告知义务。用工单位应确实履行告知被派遣劳动者职场风险的义务。告知的事项包括，国家法令要求劳工所需具备的资格、职业能力或者需经医生的监视，工作职位中特殊增高的风险。②用工单位应提供安全、健康的工作条件。《德国员工出让法》第 11 条第 6 款规定，被派遣劳动者在用工单位的许可下所从事的劳动，必须符合有关安全与卫生的公法规定；用工单位有义务执行有关安全与卫生法的规定，阻止职业损害事故的发生，保障有关雇员急救方面的措施到位。如果未能履行相关义务，用工单位将对因此而发生的事件承担责任。为了保证用工单位履行上述义务，德国法律还规定了用工单位的义务：①在每次派遣前，确定派遣单位的派遣资格和被派遣劳动者的能力。②履行相关告知义务。告知的内容包括派遣任务的具体内容以及对被派遣劳动者的职业能力要求；被派遣劳动者的工作地点、环境以及职业危害可能性；是否需要以及所采取的必要的个人安全设置；用工单位提供的医疗、急救措施；必要的医疗预防措施；保障被派遣劳动者在新的工作地点知晓有关安全技术。

为了保证派遣单位的雇主责任能力，“单一雇主”模式法律制度以派遣单位作为法律规制的对象。相对于用工单位而言，派遣单位的责任能力明显较弱，它无相当的固定资产，不经营具体的实业，并且吸收和转移劳动风险的能力非常有限。所以，为了保证派遣单位承担雇主责任的能力，法律将派遣单位作为规制的出发点和主要对象，明确其市场准入标准，设置派遣行为规范。

单一雇主模式的弊端是将派遣单位作为被派遣劳动者法律上的雇主，这一规定开启了滥用之门，将会危害到劳动者的利益。例如，用工单位可以将派遣单位作为其人事部门，在保留劳动用工权的情形下，将招聘、使用、工资支付和社会保险费负担以及解雇成本等劳动力使用成本转移给派遣单位，或者直接实施所谓的“逆向派遣”。派遣单位的主要滥用行为是将被派遣劳动者非雇员化。为此，单一雇主模式的法律制度采取了一系列措施规范可能发生的滥用行为。如《法国劳动法典》规定，企业必须向有关主管部门提交申报书并取得相关经济担保后，才能从事派遣业务（第 L124—10 条）。派遣单位的业务报告内容，包括日常经营要素的变化，如营业场所的变更、分支机构的设立、企业关闭、经营者发生的变化等方面。又如，《德国员工出让法》第 8 条规定，派遣单位必须每半年向审批机关做一次统计报表，包括被派遣劳动者的基本情况、派遣员工的次数、用工单位的数量、劳动合同的基本情况等。

2.“联合雇主责任”模式

美国没有专门规制劳务派遣关系的法律制度，在处理有观看纠纷时，法院依据的是实质控制标准确定被派遣劳动者的雇员身份和对其承担劳动保护义务的雇主。法院认定被派遣劳动者一般属于派遣单位、用工单位的雇员；二者均有义务对被派遣劳动者承担劳动法、社会法上的义务。法院认为，如果二者对于各自的义务范围有直接约定；否则，二者承担连带雇主责任。

在解决劳务派遣关系的法律制度问题时，法院一般依据下列程序：

首先，确定劳动者的雇员身份。法院依据具体的雇佣关系认定标准，判断劳动者是否属于该法律制度规定的雇员。

其次，划定劳动者的劳务派遣身份。如果结论是肯定的，则依据主体实质上对劳动者行使控制权的内容，确定该劳动者是哪一主体的雇员。如果对劳动者行使劳动控制权的主体是其中之一，就认定为非劳务派遣安排。如果行使劳动控制权的主体是两个实体，就属于真正的劳务派遣关系。

再次，依据派遣单位、用工单位之间的关系，确认二者是作为单一主体还是联合主体对劳动者承担责任。如果派遣单位和用工单位形式上是两个独立的法人，但其资产、经营管理决策等要素的关联程度高，则确认二者作为单一主体对劳动者承担雇主责任；否则作为联合雇主。

最后，确定联合雇主是否对劳动保护有明确的约定，有约定则依约定分担雇主责任；否则双方承担连带责任。

3. 我国现行法律有关“雇主责任”的分配

首先，派遣单位的主要义务规定。劳动合同的内容，除了记载《劳动合同法》第17条规定的事项外，还应当载明被派遣劳动者的用工单位以及派遣期限、工作岗位等情况。被派遣劳动者的劳动报酬依据不同情况可以分为两类标准，在劳动者从事派遣劳动期间，其报酬不得低于用工单位同类岗位劳动者的待遇；在劳动者无工作期间，其报酬不得低于派遣单位所在地最低工资标准。因此，被派遣劳动者与其他劳动者一样，享受平等的社会待遇。派遣单位主要承担其工资支付和社会保险费用支付。

其次，用工单位的义务，依据2013年修订的《劳动合同法》第62条规定，包括：(1)执行国家劳动标准，提供相应的劳动条件和劳动保护；(2)告知被派遣劳动者的工作要求和相应地劳动报酬；(3)支付加班费、绩效工资，提供工作岗位相关的福利待遇；(4)对在岗被派遣劳动者进行工作岗位所必需的培训；(5)连续用工的，应对劳动者实现正常的工资调整机制。

对于派遣单位、用工单位不履行法定义务的责任,《劳动合同法》第 92 条的规定,派遣单位不履行本法规定的义务除了承担独立的行政责任外,还应承担相应地被派遣劳动者的损害赔偿责任。

三、被派遣劳动者的权益保护

(一)知情权

依据我国劳动合同法规定,派遣单位作为用人单位对被派遣劳动者负有告知义务,应告知的内容为:被派遣劳动者的用工单位、派遣岗位、派遣期限、劳动报酬、社会保险费的数额和支付方式等。用工单位对被派遣劳动者的告之内容为:工作条件、工作地点、职业危害、安全生产状况、工作要求和劳动报酬等。

此外,《劳动合同法》第 4 条规定用人单位应当将直接涉及劳动者切身利益的规章制度和重大事项告知劳动者,在这方面,派遣单位和用工单位应各负其责。

(二)平等待遇权

被派遣劳动者与用工单位其他劳动者依法享有同等条件的劳动待遇。但是这在实践中很难实现,据台湾地区劳工团体调查,派遣劳工常遇到的工作差别待遇为以下这些方面:

(1)派遣劳工成为次等劳工,做比较辛苦、单调、肮脏的工作;

(2)派遣劳工薪资较低,即使同工也不同酬;

(3)派遣劳工常常被正式员工歧视;

(4)派遣劳工没有升迁机会;

(5)派遣劳工的劳动条件往往更差;

(6)派遣劳工享受不到正职工人的福利;

(7)雇用不稳定,派遣劳工的工作权随时不保;

(8)女性派遣劳工的待遇更差,产假也会取消;

(9)派遣劳工实际上无法行使劳动三权。

平等保护是法律的基本价值追求。在劳动法上,尽管劳动就业形态不同,但平等权依然是法律赋予劳动者的基本权利。在劳动派遣中,法律要求用工单位给予被派遣劳动者与用工单位正式雇佣职工相同的待遇。这一点许多国家的法律都有相应规定,我国《劳动合同法》第 58 条和第 62 条都体现除了平等待遇的精神。

劳务派遣员工与其他正式员工的差别待遇集中在同工不同酬和差别的福利待遇问题。要在这一点上维护被派遣劳动者的平等待遇权，很大程度上取决于派遣单位的谈判能力。因此，派遣单位有义务尽最大努力为被派遣劳动者争取这一权利。

（三）劳动安全卫生保护权

我国《劳动合同法》规定劳动者的劳动安全卫生保护责任由派遣单位和用工单位共同承担。但是由于《劳动合同法》未对劳动条件和劳动保护的监督检查作出详细规定，往往劳动者的劳动安全卫生保护权被虚置。

西方国家在这一点上已经走在我国前列，因此，我国应借鉴他们的做法，完善监督和检查，从而维护好劳动者的安全卫生保护权。

（四）参加工会的权利

结社权是劳动者的基本权利之一，被派遣劳动者拥有参加企业工会的权力。但是由于被派遣劳动者的实际情况以及被派遣劳动者与用工单位固定劳动者之间存在的矛盾，这一点实际上很难实现。

首先，就派遣单位而言，由于被派遣劳动者分别被派往不同的用工单位，彼此之间缺乏经常性交流，难以形成共同利益，因而将他们组织起来存在困难。

其次，就被派遣劳动者实际工作的用工单位而言，用工单位自己招聘的正式工与派遣的非正式工的区别，双方在工作地位上处于明显的不同，因此容易形成矛盾。因此，由用工单位员工结成的工会组织难以从内心接纳、吸收被派遣劳动者，更不用说为了他们的利益而与本单位斗争。

【案例与解析】

案例一：非全日制劳动合同下劳动者与聘用方是劳动关系还是劳务关系？

【案情】2013 年 5 月，任作栋因为妻子生小孩，自己工作忙，家务没人干，于是经过家政公司介绍，聘余霖为家庭保姆。任作栋和余霖双方口头订立了一份非全日制劳动合同：余霖每周一至周五来任作栋家作保洁，主要是打扫室内、清洁门窗、地板等，每次工作按 3 小时计，每小时 20 元。一天，余霖清理卫生间地面时，由于地面有水，不慎摔倒。后被及时送到医院诊治，确诊尾椎骨骨折，住院治疗了 20 天，共花去医疗费、住院费等 5 000 多元。任作栋获知此事之后，前去医院探望，并当场给余霖 2 000 元。后余霖认为，我在你家干活，摔倒导致骨折，总共花去 5 000 多元，你给 2 000 元就能不管了！于是，余霖要求任作栋再支付 3 000 元，遭到任的拒绝。余霖一气之下向法院提起诉讼，以自己与任作栋有口头协议且双方之间已经订立了非全日制劳动合同，要求任作栋承担自己在工作中全部损害赔偿责任。请问：本案中，余霖与任作栋之间究竟属于何种性质的法律关系？

【解析】我国《劳动合同法》没有明确规定在非全日制劳动合同下劳动者与聘用方是何种性质的法律关系，也没有规定因履行非全日制劳动合同而发生争议的该适用何种法律去解决。对此，劳动和社会保障部 2003 年 5 月 30 日颁布施行的《关于非全日制用工若干问题的意见》（劳社部发[2003]12 号）根据非全日制劳动合同的主体不同作出了不同的规定：①非全日制劳动合同的主体是劳动者和用人单位。根据《关于非全日制用工若干问题的意见》第十三条的规定："从事非全日制工作的劳动者与用人单位因履行劳动合同引发的劳动争议，按照国家劳动争议处理规定执行。"据此，在劳动者与用人单位签订非全日制劳动合同时，双方之间建立的是劳动关系，故因双方履行劳动合同发生争议的，按照国家劳动争议处理规定执行。在此情况下，劳动者依法可以申请仲裁和提起诉讼。②非全日制劳动合同的主体是劳动者和个人或家庭。根据《关于非全日制用工若干问题的意见》第十四条的规定："劳动者直接向其他家庭或个人提供非全日制劳动的，当事人双方发生的争议不适用劳动争议处理规定。"由此可见，在此情况下，劳动者虽然和个人或家庭之间签订了非全日制劳动合同，但是双方之间存在的不是劳动关系，而应当认为双方之间存在的是劳务关系，应当适用民事法律的规定去处理双方之间的争议。

案例二：被派遣劳动者的同工同酬权

【案情】张小姐被自己所在的劳务派遣公司派遣到某纺织企业担任文员，工作半年后，张小姐产生了不满情绪，因为她发现自己工作无论怎样努力出色，她的工资和奖金都是企业最低的——只是其他相同工作岗位员工工资的一半，还不能享受该纺织厂给予员工的任何福利待遇；她还发现单位领导与同事都因为她是派遣来的非正式员工而对她冷漠。张小姐认为自己是一名正常就业的劳动者，不应当受到劳动待遇和精神上的双重歧视。经多次与纺织企业领导争取同工同酬未果，张小姐决定拿起法律武器维护自己的合法权益。

【解析】劳务派遣中同等劳动不同等待遇是比较常见的问题。《劳动合同法》第六十三条规定："被派遣劳动者享有与用工单位被派遣劳动者享有与用工单位的劳动者同工同酬的权利。用工单位应当按照同工同酬原则，对被派遣劳动者与本单位同类岗位的劳动者实行相同的劳动报酬分配办法。用工单位无同类岗位劳动者的，参照用工单位所在地相同或者相近岗位劳动者的劳动报酬确定。”这一条规定的是被派遣劳动者的同工同酬权，劳务派遣人员是完全意义上的劳动者，被派遣劳动者与普通的劳动者只是就业形式不同而已，地位是平等的，应当依法享有一切劳动权利，受到《劳动法》和《劳动合同法》的保障，劳动者在付出同等劳动后，不应当受到任何待遇歧视和精神歧视。如果不在法律上有效制约，而将企业的风险直接转移到弱势的劳动者身上，是不利于保护劳动者权益的。

同工同酬中的“工”不是指员工的身份，而是指工作、实际付出的劳动。被派遣劳动者虽然不是用工单位的职工，不存在劳动关系，但却实际地为用工单位付出了劳动，并且这种劳动是一种职业性劳动，不是一般的劳务行为，只要付出的劳动与正式员工付出的劳动相同，就应当得到相同的待遇。同工同酬中的“酬”，不仅指基本工资，也包括其他特殊形式的工资，诸如福利奖金、加班费等。

第八章　劳动合同的法律责任

法律责任是一个重要的法学概念。对这一概念的理解和定义，学术界众说纷纭，总结一下可以发现，主要类型包含了义务说、处罚说、后果说、责任能力说以及法律地位说、含义组合说等。学者们认为，法律责任是行为人由于违法行为、违约行为或者由于法律规定而应承受的某种不利的法律后果。

第一节　违反劳动合同责任与违约金研究

一、违反劳动合同责任概述

（一）违反劳动合同责任的概念

亦称劳动合同的违约责任，是指劳动合同的当事人因过错而违反劳动合同的约定，不履行或者不完全履行劳动合同的义务时应当承担的法律责任。

按照类型因违反劳动合同所承担的法律责任可分为刑事责任、民事责任和行政责任。由于劳动合同法律责任和民事责任的概念关系比较接近，因而有必要对民事责任做出比较。第一，双方违反的法律主体不同，民事责任是指由于违反民事法律或合同而承担的一种法律责任。第二，民事责任主要为财产责任和救济责任，而劳动合同责任则是多个方面的，只要是劳动合同范围之内的，都可以成为劳动合同责任。

（二）违反劳动合同法律责任的特点

1. 承担法律责任的主体主要是用人单位

《劳动法》以及《劳动合同法》倾向于保护劳动者的合法权益。由于劳动关系中，用人单位处于强势地位，能够管理、指挥劳动者，再加上一些额外因素，用人单位违反劳动法和劳动合同法、侵犯劳动者权益的现象就屡见不鲜。因此，为了保护劳动者的合法权益，《劳动法》和《劳动合同法》在法律责任的设计和规定上，主要以追究用人单位违法行为及违约行为为主。劳动者只有在特定情况下，如未按照法律规定的提前通知期限解除劳动合同，或违反约定泄露企业商业秘密等应当承担相应的责任。

2. 存在明显的国家干预

劳动关系中存在明显的不平等关系到经济的发展和社会的稳定，为了维护社会稳定，国家行政机构通过制定法律和政策介入劳动关系中，以公权力追究用人单位的侵权行为，保护劳动者权利。这表现为国家一方面具体规定违法行为的种类和表现，另一方面规定对违法行为的制裁。对当事人，国家除了要追究其民事责任外，还要追究其行政责任甚至是刑事责任。

3. 包含多种法律责任

一如上文所述，违反劳动合同责任包含了多种责任类型，包括劳动者对用人单位的民事责任和刑事责任，国家行政机构对用人单位的行政责任。

(三)违反劳动合同责任的构成要件

学者们对违反劳动合同法律责任的构成要件的观点也存在分歧。有主张用英美法系合同法关于违约责任只需违约行为存在的“一要件说”，并认为“归责原则应是无过错责任，这几乎已成为各国通例”。有主张“二要件说”，包括违约行为和当事人主观过错。也有主张“四要件说”，包括违约行为、损害后果、因果关系及主观过错。笔者认为，违约责任的构成要件应包括两个方面。

1. 违约行为

违约行为的主体仅限于劳动合同当事人，不涉及第三人。违反的约定是劳动合同中主体应履行的义务。但对劳动合同义务的理解，学术界同样有不同的观点。有学者认为，违反的合同义务既包括合同双方当事人协商一致的约定，也包括作为合同当然条款的法律强制性规定。也有学者认为，劳动合同义务至少包括三方面：劳动法直接规定的最低工资、最长工时、社会保险等强制性义务和当事人协商约定的合同期限、工资和岗位、试用期等义务。

2. 过错

大陆法系和英美法系对过错是否作为合同责任构成要件的认识和规定不同。大陆法系采取的过错责任原则，整个大陆法系都奉行把某种程度的过错作为合同责任条件的主要原则。英美法系虽然并没有明确将过错作为责任构成要件，但实际上，普通法并没有排除过错概念，对违约的认定仍要考虑当事人有无过错。当违约人有法定的或约定的免责事由，违约人则可以不承担违约责任。违约行为并不是违约责任的唯一构成要件。依据我国和其他国家的规定，过错仍然是违约责任的构成要件之一。在实践中，劳动合同违约责任确定过错为构成要件，对于促使当事人履行合同，鼓励诚实守信，合理确定违约责任有重要意义。不过，在认定过错时，如果违约人举不出证据证明其存在不可抗力等事由，则推定其在主观上具有过错。

二、我国法律关于违约金的界定

(一)我国法律违约金的概念及特点

我国劳动相关法律关于违约金没有直接规定，因此其含义和性质也都不很明确。有一部分学者认为，违约是指约定不履行合同而支付违约金或赔偿金的合同条款，包括了对违约金或赔偿金的支付条件、项目、范围和数额等内容的约定。这一概念把违约金和赔偿金混合在一起，笔者认为这是一个误解。

违约金与赔偿金虽然在前提条件上是一致的，都是单方违约为前提的。但是在本质上看，它们并不相同。作者认为，违约金是双方当事人事先约定的，一方当事人根据自身违约情况向对方支付一定数量的金钱。而赔偿金虽然也是以金钱为标的，但是赔偿金仅仅是对对方的实际损害而应赔偿的金钱。双方在根本性质上具有不同。民法上的违约金具有补偿性和惩罚性，而赔偿金仅仅具有补偿性。

2013 年修订的《劳动合同法》中对劳动者支付违约金的直接规定共有三处：

(1)“劳动者违反服务期约定的，应当按照约定向用人单位支付违约金。违约金的数额不得超过用人单位提供的培训费用。用人单位要求劳动者支付的违约金不得超过服务期尚未履行部分所应分摊的培训费用。”

(2)“对负有保密义务的劳动者，用人单位可以在劳动合同或者保密协议中与劳动者约定竞业限制条款，并约定在解除或者终止劳动合同后，在竞业限制期限内按月给予劳动者经济补偿。劳动者违反竞业限制约定的,应当按照约定向用人单位支付违约金。"

(3)"除本法第二十二条和第二十三条规定(即上述两则,引者加)的情形外,用人单位不得与劳动者约定由劳动者承担违约金。"

《劳动合同法》中对用人单位的法律责任规定则是以损害赔偿为主,具有惩罚性。

从以上论述之中可以看出,《劳动合同法》中违约金的法律性质应为补偿性和非对称性。

第一,补偿性。劳动合同中的违约金具有应为补偿性的法律性质,不能以惩罚性为其法律性质。其主要理由如下:

(1)劳动合同是一种不同于民事合同的特殊合同,不能完全体现出契约自由和平等的精神。劳动合同的订立双方在地位上永远不可能平等。劳动者接受违约金条款时,往往是被迫的。如果不对劳动合同中的违约金加以补偿性限制,劳动者将要承担更大的不公平。

(2)劳动合同中的违约金补偿性的规定是对劳动合同法保护劳动者权益宗旨的肯定。补偿性违约金对用人单位擅自主张劳动合同违约金做出了明文限制,将其放在人事培训和竞业限制的范围内。

(3)补偿性违约金肯定劳动者自由选择职业的权利。如果违约金是惩罚性的,劳动者一定会出于生存考虑,不敢做出"跳槽"的选择。这一点如果讲的更远些,将会是不利于市场经济的良性发展。补偿性违约金使得劳动者对"跳槽"选择的成本有了明确的认识,在经过协商以后,就能够做出正确选择。

第二,非对称性。《劳动合同法》中对违约金的规定非对称性主要表现在以下这些方面:

(1)劳动合同法中违约金是对劳动者单方面的规定,用人单位不适用。我国《劳动合同法》中的违约金是对劳动者的规定,这在上文的转载之中可以清楚地看到。对用人单位来说,适用的主要是经济补偿性条款。这明显突出了《劳动合同法》保护劳动者权益的宗旨。

(2)数量上的非对称性。用人单位向劳动者支付的相当于违约金性质的损害赔偿金,其数额远远高于劳动者向用人单位支付的违约金。仅就辞退和辞职一事作出说明,根据我国相关法律规定,用人单位辞退员工要支付的金钱要根据员工为单位服务的年限及工资水平共同确定。而劳动者提出辞职,其支付的培训费用则显得少得可怜。

(3)"法定"与"约定"的非对称性。用人单位违约适用的违约金性质的经济补偿金是法定的,按照劳动合同法之中的相关规定向劳动者支付。而劳动者向用人单位支付的赔偿金则是约定的，是有劳动者和用人单位协商确定。

（二）国外关于违约金制度的法律规制

1. 法国

1804年的《法国民法典》基于自由、平等和契约自治的立法原则和罗马法的众多优良传统，对违约金制度作出了探索性规定。具体来说，有以下特征：

第一，违约金具有担保性功能。《法国民法典》第1 226条规定："违约金条款是指，契约的一方当事人为确保履行契约，承诺在契约不履行之场合，支付一定数额的违约金的条款。"此条款作为该法典对于违约金制度的开篇性规定，在对违约金作出定义的同时，便指出了违约金的担保性功能。

第二，违约金具有补偿性功能同时，也同样具有惩罚性。《法国民法典》第1 229条第1款的规定已经突显了违约金的补偿性，但从《法国民法典》第1 229条第2款规定可以看出，虽然法国民法典原则上不承认违约金惩罚性的存在，但并不禁止当事人双方订立具有惩罚性的违约金。

第三，对违约金数额的司法干预进行了严格的限制。早期的法院在一系列的判例中对司法干预违约金数额的行为进行了严格限制，以充分尊重当事人意思自治权利的神圣地位，《法国民法典》最初也在1 152条中对此作了明确规定："除非例外，法院一般不得改变合同当事人所约定的违约金，尽管数额高于实际损失甚至没有实际损失。"

2. 德国

《德国民法典》的出台时间晚于《法国民法典》，因此或多或少地受到了《法国民法典》的影响，也承认违约金补偿性和惩罚性双重属性的存在。同时，《德国民法典》做了一些补充，对违约人的态度更为严厉。

在《法国民法典》出台之前，德国曾于1794年施行《普鲁士国家普通邦法》，显然德国法律制度中违约金的概念还受到这部法律的影响。《普鲁士国家普通邦法》的违约金含义是债务关系当事人在债务不履行场合由债务人支付一定数额金钱的合意，而该损害赔偿之合意在结合了当时的历史背景条件后倾向于法律理念的补偿性质而区别于强制债务履行的性格。

3. 英国

以普通法和衡平法为主要法律渊源的英国虽然同大陆法系的德法两国一样具有悠久的历史渊源，但是英国只承认违约金赔偿性的法律品质而将惩罚性的约定坚决抵制在法律所认可的合同违约金的范畴之外。违约金在英国的产生，专家学者认为最早可溯源于13世纪英格兰的“罚票”制度，该制度通过一系列的演变后逐渐发展为现在的违约金制度。

4. 美国

与以判例法占法律体系主导地位的英国相比，作为美国主要法律形式的判例法，其所占比例则逐渐下降，而成文法的地位则逐渐提高，无论是州法律还是联邦法律都是如此。这就决定了美国法对违约金的规定不仅仅局限于判例法，成文法的规定也日益成熟，但是与英国法一样，美国法在处理涉及违约金事项的问题时也是坚持补偿性的损害赔偿原则，而将惩罚性违约金排除在法律所认可的范畴以外。

第二节　劳动者的法律责任

一、劳动者的法律责任的特征

(一)劳动者的责任类型是违约责任

根据《劳动合同法》的规定，劳动者所要承担的法律责任是违约责任，且只在特定的情况下承担责任。

劳动者承担违约金责任的前提是劳动者违反服务期和竞业限制义务。劳动者违反服务期约定的，应当依据劳动合同约定向用人单位支付违约金，其具体数额不得超过用人单位提供的培训费用。违反竞业限制约定的，劳动者应按照约定向用人单位支付违约金。对于此数额《劳动合同法》没有直接限制。但是，根据劳动者与用人单位之间的关系，劳动者这项违约金的支付应是补偿性的。

我国《劳动合同法》要求劳动者承担损害赔偿责任限于四种情况：劳动者违反本法规定解除劳动合同、违反劳动合同中约定的保密义务、竞业限制和因劳动者的过错造成劳动合同无效的。我国《违反(劳动法)有关劳动合同规定的赔偿办法》规定，劳动者违约给用人单位造成的损失，应当考虑用人单位的实际损失、劳动者违约情节的轻重以及劳动者的经济承受能力等因素，酌情给用人单位适当的赔偿。

（二）劳动者法律责任的承担实行过错推定责任原则

我国法律确定劳动者过错推定责任原则的原因是多方面的。首先，这一原则与劳动者和用人单位的地位关系有关。这一点在前文已经讨论过，不再详述。其次，用人单位对劳动是支配者和使用者，获取了劳动过程创造的所有利润，而劳动者只是劳动的提供者，所获取的是劳动报酬，用人单位理所应当承担最大程度的风险。最后，这与我国当前的劳动力就业形势有关。我国是人口大国，劳动力供给将长期超过需求，劳动者将在长期处于社会劣势地位。另外，我国正处在产业结构转型的关键时期，劳动力结构转型正处在一个关口。劳动者离职以后很难再找到新的工作，付出的成本将会非常大。

二、劳动者承担责任的类型

（一）劳动者违法解除劳动合同的法律责任

劳动者违约解除劳动合同，是指劳动者违反法定或劳动合同中约定的解除条件或程序，而单方解除劳动合同的行为。《劳动合同法》第 90 条规定："劳动者违反本法规定解除劳动合同，或者违反劳动合同中约定的保密义务或者竞业限制，给用人单位造成损失的，应当承担赔偿责任。"依据《劳动合同法》及相关规定，其法律责任包括：①符合劳动合同解除条件但不符合解除程序的，应当补办手续。②不符合劳动合同解除条件的，如果用人单位要求继续履行劳动合同，应当继续履行劳动合同。③对用人单位造成损失的，应当予以赔偿。其中的赔偿项目包括：招收录用劳动者所支付的费用；为劳动者支付的培训费用（双方另有约定的按约定办理）；对生产、经营和工作造成的直接经济损失；劳动合同约定的其他赔偿项目。

（二）劳动者违反约定保密条款而承担的违约责任

违反劳动合同约定保密条款的责任，是指劳动者违反劳动合同关于保守用人单位商业秘密的约定，在保密期内将自己在劳动过程中所掌握的商业秘密，披露给保密范围以外的人或在保密范围以外使用。根据我国《反不正当竞争法》的规定，商业秘密是指不为公众所知悉，能为用人单位带来经济效益，具有实用性并经用人单位采取保密措施的技术信息和经营信息。违反约定保密义务者，既包括在职劳动者也包括离职劳动者（离职劳动者通常有保密期限）。按《劳动合同法》第 23 条第 2 款规定予以赔偿，“对负有保密义务的劳动者，用人单位可以在劳动合同或者保密协议中与劳动者约定竞业限制条款，并约定在解除或者终止劳动合同后，在竞业限制期限内按月给予劳动者经济补偿。劳动者违反竞业限制约定的，应当按照约定向用人单位支付违约金”。违反约定保密义务的，特变严重者，将会构成刑事责任。

（三）劳动者违反约定培训后工作期限条款的法律责任

《劳动合同法》第 22 条第 1—2 款规定：“用人单位为劳动者提供专项培训费用，对其进行专业技术培训的，可以与该劳动者订立协议，约定服务期。违反服务期约定的，应当按照约定向用人单位支付违约金。违约金的数额不得超过用人单位提供的培训费用。用人单位要求劳动者支付的违约金不得超过服务期尚未履行部分所应分摊的培训费用。”劳动者接受用人单位出资培训后，未按约定在该用人单位工作，或者在该用人单位工作未满约定期限的，在一定条件下应当向该用人单位赔偿培训费用。这种行为与劳动者解除劳动合同（即辞职）同时发生，如果辞职合法，这种赔偿责任就只是违反约定培训后工作期限条款的法律责任；如果辞职违法，这种赔偿责任就同时属于违法辞职的法律责任。

培训费赔偿责任的确定需注意以下几点：

第一，赔偿培训费应当以劳动合同中有关约定为准，无此约定则不赔偿；

第二，赔偿培训费不超过培训费的实际花费。

在确定培训费的实际花费还应注意以下两点：

第一，劳动者在本单位的生产过程中接受培训的，应当划清培训费与生产费用的界限，只有因培训该劳动者而在正常生产费用之外增加的费用，才可以认定是培训费用；

第二，劳动者在脱产培训期间所得工资福利等项待遇是对劳动者履行劳动义务（即参加培训）的补偿，不应当列入培训费。

（四）劳动者违反劳动纪律的法律责任

劳动者违反劳动合同中规定的劳动纪律条款的，由用人单位给予劳动纪律处分，包括：警告、记过、记大过、降级、撤职、留用察看、开除或除名、辞退。同时，还可予以罚款、降低工资、停发工资、扣发工资等经济处罚，造成经济损失的，还可责令违纪者赔偿损失。劳动者违反劳动纪律，情节严重，触犯刑律的，应依法追究刑事责任。

（五）在职劳动者违法与新单位签订劳动合同的法律责任

我国《劳动合同法》第91条规定，“用人单位招用与其他用人单位尚未解除或者终止劳动合同的劳动者，给其他用人单位造成损失的，应当承担连带赔偿责任”。

第三节　用人单位的法律责任

一、用人单位的法律责任的特征

用人单位法律责任是指用人单位作为主体违反劳动法、劳动合同法相关法律规定或者劳动合同约定而应承担的法律责任。

（一）用人单位违反劳动合同承担的民事责任既有违约责任又有侵权责任

由于用人单位的强势地位和对劳动者有管理权和指挥权，能够较容易地侵犯劳动者的人身权和其他法律权益。因此我国法律体系对用人单位的规定具有侵权损害赔偿的性质。同时，用人单位又是劳动合同的当事人，违约时应承担违约责任。因此，同劳动者违反劳动合同的法律责任相比，用人单位违反劳动合同的法律责任既有违约责任，还有侵权责任。

（二）用人单位承担的法律责任具有惩罚性

根据《劳动合同法》的约定，用人单位侵犯劳动者的合法权益的，不仅要承担民事责任，更有甚者还要承担行政责任或者刑事责任。而且，用人单位违反《劳动合同法》的规定，侵犯劳动者的财产权的，还要承担一定惩罚性赔偿，不仅要弥补劳动者原有的损失，还要向劳动者支付额外的侵权罚金。

根据我国法律规定，用人单位讳反劳动合同法律责任的规则原则是无过错责任原则。

二、用人单位承担法律责任的主要种类

用人单位制定合同和相关法律制度应该遵守劳动法及相关法律法规的规定，依法订立、履行、变更、解除和终止劳动合同，禁止招用童工，不得招用尚未解除劳动合同的劳动者，不得违法使用农村劳动力，不得违法或违约解除劳动合同。通过归纳《劳动法》、《劳动合同法》及其他相关法律，笔者把用人单位的法律责任归纳为以下几个方面。

（一）用人单位内部规章制度违法的法律责任

《劳动合同法》第80条规定，用人单位直接涉及劳动者切身利益的规章制度违反法律、法规规定的，由劳动行政部门责令改正，给予警告；给劳动者造成损害的，应当承担赔偿责任。《劳动合同法》第4条规定，用人单位应当依法建立和完善劳动规章制度，保障劳动者享有劳动权利和履行劳动义务。用人单位在制定、修改或者决定有关劳动报酬、工作时间、休息休假、劳动安全卫生、保险福利、职工培训、劳动纪律以及劳动定额管理等直接涉及劳动者切身利益的规章制度或者重大事项时，应当经职工代表大会或者全体职工讨论，提出方案和意见，与工会或者职工代表平等协商确定。在规章制度和重大事项决定实施过程中，工会或者职工认为不适当的，有权向用人单位提出?，通过协商予以修改完善。用人单位应当将直接涉及劳动者切身利益的规章制度和重大事项决定公示，或者告知劳动者。

归纳起来，用人单位规章制度发生法律效力的主要要件大致包括两个方面，即制度条款内容合法和程序（民主程序和公示程序）合法。其中，民主程序是决定用人单位规章制度非常关键的一个环节。根据我国《公司法》第18条的规定，所谓民主程序是指公司制定重要的规章制度时，应当听取公司工会的意见，并通过职工代表大会或者其他形式听取职工的意见和建议。而《劳动合同法》新规定的主要变化在于，将“听取意见”改为“讨论……平等协商”，明显加大了工会、职工代表大会以及员工制定规章制度中的权利，强化了用人单位制定规章制度的相应法律程序。依照上述法律规定，用人单位直接涉及劳动者切身利益的规章制度，在内容和程序上违反法律、法规相关规定的，应当承担两种责任：①行政责任。由劳动行政部门责令改正，给予警告。②经济责任。给劳动者造成损害的，应当承担经济赔偿责任。

(二)合同缺少必备条款及文本未交付给劳动者的法律责任

《劳动合同法》第 81 条规定:“用人单位提供的劳动合同文本未载明本法规定的劳动合同必备条款或者用人单位未将劳动合同文本交付劳动者的,由劳动行政部门责令改正;给劳动者造成损害的,应当承担赔偿责任。”该条款规定有利于保护劳动者的劳动知情权,以及督促落实劳动权利和预防劳动争议。实践中,用人单位的合同条款往往以“参照劳动法”字样,而不具体写明法定必备条款,以及不交付给劳动者合同文本,将劳动合同协议变为单方约束的行政行为。因此,在合同缺少必备条款及文本未交付给劳动者的情况下,用人单位必须承担相应地法律责任,即由劳动行政部门的责令改正,依法补齐合同的必备条款,如给劳动者造成损害的,还应当承担经济赔偿责任。

(三)违法不签订劳动合同及违法约定试用期

《劳动合同法》及《劳动合同法实施条例》规定如下:

第一,逾期不签订劳动合同。《劳动合同法实施条例》第 6 条规定:“用人单位自用工之日起超过 1 个月不满 1 年未与劳动者订立书面劳动合同的,用人单位应当向劳动者支付每月 2 倍的工资,并与劳动者补订书面劳动合同。但是如果劳动不与用人单位补订劳动合同的,用人单位应当书面通知劳动者终止劳动关系,此时用人单位应当按照《劳动合同法》第 47 条规定支付经济补偿。”

同时《劳动合同法实施条例》第 5 条还规定:“自用工之日起 1 个月内,经用人单位书面通知后,劳动者不与用人单位订立书面劳动合同的,用人单位应当书面通知劳动者终止劳动关系,无须向劳动者支付经济补偿,仅依法支付劳动者实际工作时间的劳动报酬即可。”即由于劳动者自身的原因使劳动合同无法签订的情况下,用人单位不承担经济补偿义务。

这里用人单位向劳动者每月支付两倍工资的起算时间为用工之日起满 1 个月的次日,截止时间为补订书面劳动合同的前一日。

第二,不签订无固定期限合同。用人单位违反劳动合同法规定未与劳动者订立无固定期限劳动合同的,自应当订立无固定期限劳动合同之日起向劳动者每月支付 2 倍的工资。对于用人单位自用工之日起满 1 年未与劳动者订立书面劳动合同的,根据《劳动合同法实施条例》第 7 条的规定,除支付 2 倍的经济补偿之外,并且自用工之日起满 1 年的当日视为已经与劳动者订立无固定期限劳动合同,用人单位应当立即与劳动者补订书面劳动合同。

第三，违法约定试用期。《劳动合同法》第 83 条规定，用人单位违反劳动合同法规定与劳动者约定试用期的，由劳动行政部门责令改正；违法约定的试用期已经履行的，由用人单位以劳动者试用期满月工资为标准，按已经履行的超过法定试用期的期间向劳动者支付赔偿金。

按照《劳动合同法》第 10 条的规定，建立劳动关系，就应当签订书面劳动合同。形成劳动关系而没有签订书面劳动合同的，法律上称之为"事实劳动关系"。用人单位不愿意与劳动者签订劳动合同的原因有二：一是逃避为职工缴纳社会保险的义务，二是规避支付经济补偿金的法律责任。

《劳动合同法》第 82 条对签订劳动合同的时间作了明确的界定。《劳动合同法》第 14 条第 3 款则规定："用人单位自用工之日起满 1 年不与劳动者订立书面劳动合同的，视为用人单位与劳动者已订立无固定期限劳动合同。"由此可见，法律规定用人单位自用工之日起 1 个月内必须与劳动者订立书面劳动合同，超过这个时间仍未订立的，用人单位须向员工每月支付 2 倍的工资；超过 1 年仍未订立的，则视为用人单位与员工已订立无固定期限劳动合同。

（四）各种附加的违法行为

《劳动合同法》第 84 条规定的主要内容如下：

第一，扣押身份证等证件。用人单位违反本法规定，扣押劳动者居民身份证等证件的，由劳动行政部门责令限期退还劳动者本人，并依照有关法律规定给予处罚。

第二，收取劳动者财物。用人单位违反劳动合同法规定，以担保或者其他名义向劳动者收取财物的，由劳动行政部门责令限期退还劳动者本人，并以每人 500 元以上 2 000 元以下的标准处以罚款；给劳动者造成损害的，应当承担赔偿责任。

第三，扣押档案或物品。劳动者依法解除或者终止劳动合同，用人单位扣押劳动者档案或者其他物品的，由劳动行政部门责令限期退还劳动者本人，并以每人 500 元以上 2 000 元以下的标准处以罚款；给劳动者造成损害的，应当承担赔偿责任。

（五）劳动报酬和经济补偿金等支付违法

《劳动合同法》第 85 条规定：用人单位有下列情形之一的，由劳动行政部门责令限期支付劳动报酬、加班费或者经济补偿；劳动报酬低于当地最低工资标准的，应当支付其差额部分；逾期不支付的，责令用人单位按应付金额 50％以上 100％以下的标准向劳动者加付赔偿金：

(1)未按照劳动合同的约定或者国家规定及时足额支付劳动者劳动报酬的；

(2)低于当地最低工资标准支付劳动者工资的；

(3)安排加班不支付加班费的；

(4)解除或者终止劳动合同，未依照本法规定向劳动者支付经济补偿的。

(六)订立无效合同

《劳动合同法》第86条规定，“劳动合同依照本法第26条规定被确认无效，给对方造成损害的，有过错的一方应当承担赔偿责任。”第28条规定：“劳动合同被确认无效，劳动者已付出劳动的，用人单位应当向劳动者支付劳动报酬。劳动报酬的数额，参照本单位相同或者相近岗位劳动者的劳动报酬确定。”劳动合同不符合法定要件的，应当由劳动争议仲裁机构或人民法院确认为全部或部分无效，用人单位如果存在合同订立过错，就应赔偿由此给劳动者造成的损害。但在当事人双方对无效合同有混合过错的场合，用人单位的赔偿责任应当与其过错在混合过错中的地位相适应。

(七)违法解除或终止劳动合同

用人单位违反本法规定解除或者终止劳动合同的，应当依照《劳动合同法》第47条规定的经济补偿标准的2倍向劳动者支付赔偿金。

《劳动合同法》第48条还规定，用人单位违反本法规定解除或者终止劳动合同，劳动者要求继续履行劳动合同的，用人单位应当继续履行；劳动者不要求继续履行劳动合同或者劳动合同已经不能继续履行的，用人单位应当支付劳动者经济补偿金标准的2倍赔偿金。

(八)劳动过程中的四种严重违法行为的法律责任

我国《劳动合同法》第88条规定，用人单位有下列情形之一的，依法给予行政处罚；构成犯罪的，依法追究刑事责任；给劳动者造成损害的，应当承担赔偿责任：

(1)以暴力、威胁或者非法限制人身自由的手段强迫劳动的；

(2)违章指挥或者强令冒险作业危及劳动者人身安全的；

(3)侮辱、体罚、殴打、非法搜查或者拘禁劳动者的；

(4)劳动条件恶劣、环境污染严重，给劳动者身心健康造成严重损害的。

用人单位违反《劳动法》关于工时的规定，强迫劳动者延长工作时间或每日延长工作时间超过 3 小时或每月延长工时超过了 36 小时的，由劳动行政部门给予警告、责令改正，并可按每名劳动者每超过工作时间 1 小时罚款 100 元以下的标准处罚。

依照上述规定，履行劳动合同期间，用人单位以暴力、威胁或非法限制劳动者人身自由的手段强迫劳动者劳动和侮辱、体罚、殴打、非法搜查和拘禁劳动者的，由公安机关对责任人员处以 15 日以下的拘留、罚款和警告；构成强迫职工劳动罪符合《刑法》第 224 条规定的，对直接责任人员处以 3 年以下有期徒刑、并处或单处罚金。

劳动部《违反〈劳动法〉行政处罚办法》规定，用人单位未向劳动者提供必要劳动防护用品和劳动保护设施或未对从事有职业危害作业的劳动者定期检查身体的，劳动行政部门应责令改正，并可处以 5 000 元以下罚款。用人单位劳动安全设施和劳动卫生条件不符合国家规定的，应责令限期改正；逾期未改正的，可以处以 5 万元以下罚款。《劳动法》第 92 条规定，上述行为情节严重的，提请县级以上人民政府决定责令停产整顿；对事故隐患不采取措施，致使发生重大事故，造成劳动者生命和财产损失的，对用人单位相关责任人员参照《刑法》第 187 条规定追究刑事责任。

(九)违法招工行为

1. 非法使用童工

《劳动法》第 94 条规定："用人单位非法招用未满 16 周岁的未成年人的，由劳动行政部门责令改正，处以罚款；情节严重的由工商行政管理部门吊销营业执照。"国务院《禁止使用童工规定》(1991 年)对此作了具体规定。除了文艺、体育和特种工艺单位经县级以上劳动部门批准招用未满 16 周岁的工作者、运动员和艺徒以外，任何与未满 16 周岁的未成年人发生劳动关系的情况，都属于非法招用童工。

用人单位非法使用童工的法律责任包括：

第一，支付劳动报酬。《劳动合同法》第 28 条规定："劳动合同被确认无效，劳动者已付出劳动的，用人单位应当向劳动者支付劳动报酬。"尽管未满 16 周岁的未成年人尚不属于劳动者范畴，但对于他们的劳动付出，用人单位必须支付劳动报酬。

第二，承担善后工作和赔偿责任。《劳动合同法》第 86 条规定："劳动合同依照本法第二十六条规定被确认无效，给对方造成损害的，有过错的一方应当承担赔偿责任。"用人单位应当立即将童工送回原居住地，并承担因此所需全部费用；对被送回原居住地之前患病或伤残的童工应当负责治疗并承担治疗期内全部医疗和生活费用，医疗终结后还应当向伤残童工本人发给致残抚恤费；童工死亡的，应当发给童工父母或其他监护人丧葬补助费，并给予经济赔偿。

第三，行政责任和刑事责任。对使用童工的单位予以重罚，每招用1个童工，罚款3 000元至5 000元，并由县级以上的劳动行政部门提请工商行政部门吊销其营业执照。使用童工单位的法定代表人（或主要负责人）和直接责任者，由县级以上劳动行政部门提请有关主管部门给予行政处分。对童工伤、残、死亡负有责任的单位和个人，由县级以上劳动行政部门给予行政处罚；违反《治安管理处罚条例》的，由公安机关给予治安处罚；构成犯罪的，由司法机关依法追究刑事责任。

2. 招用在职劳动者

《劳动合同法》第91条规定，"用人单位招用与其他用人单位尚未解除或者终止劳动合同的劳动者，给其他用人单位造成损失的，应当承担连带赔偿责任。"《劳动合同法》对赔偿的具体标准没有作出解释，按照我国现行有关规定，除了法定允许业余兼职和依法暂停劳动关系的劳动者外，招用尚未解除劳动合同的劳动者均属非法行为，该用人单位与劳动者共同侵犯了原用人单位的合法权益，就应当共同承担法律责任。因此，除了由劳动者承担直接赔偿责任外，该用人单位对原用人单位所受经济损失应当承担连带赔偿责任。在这里，向原用人单位赔偿的损失，包括对生产、经营和工作造成的直接经济损失，以及因获取商业秘密给原用人单位造成的经济损失；连带赔偿的份额应不低于对原用人单位造成经济损失总额的70%。当原用人单位要求该用人单位赔偿全部损失时，该用人单位不得拒绝；当该用人单位支付的赔偿金超过其依法应当承担的赔偿份额时，有权向劳动者追偿。

第四节　其他责任主体的法律责任

一、不具备合法经营资格的用人单位的法律责任

无营业执照的单位不属于《劳动合同法》中的用人单位，其与劳动者订立的劳动合同因主体违反法律规定应属于无效劳动合同。但由于劳动者确实已经付出劳动，为对这一部分劳动者进行补偿，《劳动合同法》第93条明

确规定："对不具备合法经营资格的用人单位的违法犯罪行为，依法追究法律责任；劳动者已经付出劳动的，该单位或者其出资人应当依照本法有关规定向劳动者支付劳动报酬、经济补偿、赔偿金；给劳动者造成损害的，应当承担赔偿责任。"

二、个人承包经营者的法律责任

个人承包经营是指企业与个人承包经营者通过订立合同，将企业的全部或者部分经营管理权在一定期限内交给个人承包者，由个人承包者对企业进行管理。劳动者是由个人承包经营者招用的，当个人承包经营者违反法律规定对劳动者造成的损害的，就应对劳动者承担赔偿责任。但在实践中，当个人承包经营者没有足够的能力支付劳动者的赔偿金时，或者有意逃避承担赔偿责任时，《劳动合同法》第 94 条规定："个人承包经营违反本法规定招用劳动者，给劳动者造成损害的，发包的组织与个人承包经营者承担连带赔偿责任。"

三、劳动行政部门和其他有关主管部门及其工作人员的法律责任

劳动行政部门负责劳动合同实施的监督管理工作，保障劳动合同制度的贯彻实施。长期以来，劳动行政部门监管不到位，尤其是在一些偏远地区，小作坊、小煤矿等的劳动用工基本上处于失查和失控状态，使得一些用人单位得以非法用工，劳动者的人身权利和其他权利受到严重的侵害。《劳动合同法》中专门规定了劳动行政部门的监督检查义务，明确规定了行政机关及其工作人员玩忽职守，不履行法定职责或者违法行使职权所应当承担的法律责任。《劳动合同法》第 95 条规定："劳动行政部门和其他有关主管部门及其工作人员玩忽职守、不履行法定职责，或者违法行使职权，给劳动者或者用人单位造成损害的，应当承担赔偿责任；对直接负责的主管人员和其他直接责任人员，依法给予行政处分；构成犯罪的，依法追究刑事责任。"

（一）行政赔偿

劳动行政部门和其他有关主管部门及其工作人员的上述违法行为，侵犯用人单位或者劳动者合法权益造成损害的应承担赔偿责任。在这里，赔偿金的支付责任是由国家承担的，由此应依据《国家赔偿法》予以赔偿。但是对相对人合法权益造成的损害仅指物质损害与直接损害，而不包括精神

损害与间接损害。

(二)行政处分

劳动行政部门和其他有关主管部门及其工作人员的违法行为尚未构成犯罪的,除侵犯用人单位或者劳动者合法权益造成损害的应承担赔偿责任外,对直接责任人员及其主管应依法给予行政处分。依照《行政机关公务员处分条例》的规定,行政机关工作人员的处分种类有:①警告;②记过;③记大过;④降级;⑤撤职;⑥开除。

(三)刑事责任

劳动行政部门和其他有关主管部门及其工作人员的上述违法行为严重违法,触犯刑法的,应追究其刑事责任。《刑法》第 397 条是对国家机关工作人员滥用职权罪、玩忽职守罪及其处罚的规定。根据该条的规定,劳动行政部门和其他有关主管部门及其工作人员不履行法定职责或者违法行使职权,“致使公共财产、国家和人民利益遭受重大损失的,处 3 年以下有期徒刑或者拘役;情节特别严重的,处 3 年以上 7 年以下有期徒刑。本法另有规定的,依照规定。国家机关工作人员徇私舞弊,犯前款罪的,处 5 年以下有期徒刑或者拘役;情节特别严重的,处 5 年以上 10 年以下有期徒刑。本法另有规定的,依照规定”。

【案例与解析】

案例一:用人单位是否有权扣留员工的档案吗?

【案情】 2011 年 7 月,郎某毕业后与秦皇岛一家船务公司签订一份劳动合同,合同约定:郎某受聘公司业务员岗位,每月工资 2 500 元,合同期限 5 年;任何一方每提前 1 年终止合同应交纳 5 000 元违约金。合同签订后,郎某就开始到公司上班了。在此期间,郎某除了接受简单的岗前培训之外,没有接受公司的专门培训。2013 年 12 月,郎某想离开这家船务公司,于是提前 30 日向公司递交了辞呈。公司同意郎某的辞职请求,但是要求郎某承担劳动合同未履行完毕的法律责任,交纳违约金 12 500 元,否则不给郎某办理档案转移手续。请问:本案该如何处理?

【解析】 本案考查两个问题:一是违约金的约定是否合法;二是劳动者不交纳违约金的情况下,用人单位是否有权扣留劳动者的档案。

《劳动合同法》第二十五条规定:“除本法第二十二条和第二十三条规定

的情形外，用人单位不得与劳动者约定由劳动者承担违约金。”据此，《劳动合同法》只允许用人单位在两种情况下与劳动者约定违约金：一是，因对劳动者进行了专门的培训、支付专门的培训费用并和劳动者约定了服务期的，劳动者未履行完服务期时，用人单位有权要求劳动者支付违约金。二是，用人单位和劳动者在劳动合同或者保密协议中约定竞业限制条款并在竞业限制期限内按月给予劳动者经济补偿的，劳动者违反竞业限制约定的，应当按照约定向用人单位支付违约金。除此之外，用人单位不得与劳动者约定违约金。本案中，船务公司和郎某关于违约金的约定不符合《劳动合同法》允许约定违约金的情形，因此本案中有关违约金的约定内容无效，船务公司不得要求郎某承担支付违约金的责任。

《劳动合同法》第五十条第一款规定：“用人单位应当在解除或者终止劳动合同时出具解除或者终止劳动合同的证明，并在十五日内为劳动者办理档案和社会保险关系转移手续。”据此，本案中船务公司应当在双方之间的劳动合同解除之后及时为郎某办理档案转移手续。

案例二：如何计算经济补偿金？

【案情】2011 年 1 月 1 日，彭某与广州市某日用化工品有限公司签订了为期 4 年的劳动合同。合同约定，彭某受聘公司的技术人员岗位，从事护肤用品的研制、开发等工作。公司每月向其支付工资 8 000 元，提供社会保险待遇以及其他福利待遇等。因公司的产品不适销对路，再加上同类企业竞争激烈，公司的经济效益急剧下降。2012 年 7 月 31 日。公司与全体员工协商，希望他们能与公司共渡难关，变更劳动合同中有关工资待遇条款，得到全体员工的支持。从下个月日起，彭某的月工资降为 5 000 元。后虽然经公司多方面的努力，但是销售业绩仍无多大起色，生产经营状况继续恶化。2013 年 2 月 28 日，公司为了节省研发成本，与彭某协商解除劳动合同。双方经过协商一致，决定解除劳动合同。但是，双方在经济补偿金的支付问题上发生了分歧。公司提出，按照彭某现在月工资 5 000 元为标准支付 3 个月的经济补偿金，共计 15 000 元。而彭某却认为，他在公司工作了 3 年零 2 个月，公司应当向其支付 4 个月的经济补偿金，并且认为应当按照原劳动合同约定的每月 8 000 元的标准进行支付。对此，双方之间发生争议。请问：本案该如何处理？

【解析】本案考查的内容是如何计算经济补偿金问题，《劳动合同法》第四十七条第一款对此作了明确的规定：“经济补偿按劳动者在本单位工作的年限，每满一年支付一个月工资的标准向劳动者支付。六个月以上不满一年的，按一年计算；不满六个月的，向劳动者支付半个月工资的经济补偿。”据此，按照劳动者在用人单位工作满1年发1个月经济补偿金，不满6个月的发半个月经济补偿金，那么彭某在该日用化工品有限公司总共工作了3年零两个月，总共应得经济补偿金为3.5个月工资。同时，月工资该如何计算呢？本案中是以彭某认为的8 000元计算还是以公司认为的5 000元计算呢？对此，《劳动合同法》第四十七条第三款给出了答案：“本条所称月工资是指劳动者在劳动合同解除或者终止前十二个月的平均工资。”由此可见，本案中彭某所应得的经济补偿金为：3.5×（8 000×6＋5 000×6）÷12＝22 750（元）

参考文献

[1]王全兴.劳动法(第三版).北京:法律出版社,2008

[2]黄越钦.劳动法新论(第三版).台北:翰庐图书出版有限公司,2006

[3]董保华.劳动合同研究.北京:中国劳动和社会保障出版社,2005

[4]姜颖.劳动合同法论.北京:法律出版社,2006

[5]郑尚元.劳动合同法的制度与理念.北京:中国政法大学出版社,2008

[6]董保华.十大热点事件透视劳动合同法.北京:法律出版社,2007

[7]常凯.劳动关系学.北京:中国劳动社会保障出版社,2005

[8]董保华,薛孝东.论劳动力派遣,北京:法律出版社,2006

[9]林晓云等.美国劳动雇佣法.北京:法律出版社,2007

[10]陈敬波.劳动合同法 HR 应用指南.北京:中国社会科学出版社,2007

[11]黎建飞.劳动合同法案例判解.北京:中国法制出版社,2007

[12]林嘉.劳动合同法条文评注与适用.北京:中国人民大学出版社,2007

[13]叶静漪.劳动合同法十二讲.北京:中国法制出版社,2007

[14]刘玉民,常亮.劳动合同法操作实务与案例释解.杭州:浙江大学出版社,2007

[15]全国人大常委会法制工作委员会.中华人民共和国劳动合同法释义.北京:法律出版社,2007

[16]黎建飞.劳动合同法及实施条例热点、难点、疑点问题全解.北京:中国法制出版社,2008

[17]王明.劳动合同法实施条例:深度解读与企业应对.北京:法律出版社,2008

[18]郑尚元.劳动合同法的制度与理念.北京:中国政法大学出版社,2008

[19]黄开耿.劳动合同法风险规避指南.北京:京华出版社,2008

[20]王全兴.劳动法.北京:法律出版社.2008

[21]冯涛.劳动合同法研究.北京:中国检察出版社,2008

[22]黎建飞.劳动与社会保障法.北京:中国人民大学出版社,2010

[23]范围.劳动法和社会保障法.北京:对外经济贸易大学出版社,2011

[24]林嘉.劳动法和社会保障法.北京:中国人民大学出版社,2011

[25]樊启荣.劳动与社会保障法.武汉:华中师范大学出版社,2011

[26]董保华.劳动合同立法的争鸣与思考.上海:上海人民出版社,2011

[27]于欣华.工伤保险论.北京:中国民主法制出版社,2011

[28]徐智华.劳动合同法研究.北京:北京大学出版社,2011

[29]张华贵.劳动合同法:理论与案例.北京:清华大学出版社,2011

[30]范围.劳动法精要与依据指引(增订本).北京:北京大学出版社,2011

[31]魏青桦.劳动合同法实务新解.北京:法律出版社,2011

[32]王桦宇.劳动合同法实务操作与案例精解.北京:中国法制出版社,2012

[33]郑爱青.法国劳动合同法概要.北京:光明日报出版社,2012

[34]刘乃忠等.新公司法.北京:中国法制出版社,2007

[35]沈四宝.西方国家公司法原理.北京:法律出版社,2006

[36]张民安.公司法的现代化.广州:中山大学出版社,2006

[37]王保树等.中国公司法原理(第三版).北京:社会科学文献出版社,2006

[38]马原.劳动法条文精释.北京:人民法院出版社,2003

[39]左祥琦.用人单位劳动法操作实务.北京:法律出版社,2002

[40]石先广.劳动合同法深度解释与企业应对.北京:中国法制出版社,2007